Das Häkelbuch für Einsteiger

Ute Hammond

Das Häkelbuch für Einsteiger

Mit Fotografien von Uli Staiger

052209

Inhalt

5	Vorwort
6	Grundlagen
16	Der einfachste aller Topflappen
17	Topflappen mit Pikotrand
18	Tagesdecke in Regenbogenfarben
20	Kissen im Filethäkelmuster
22	Sommer-Top
25	Babyjäckchen im Fantasiemuster
30	Bunte Kinderjacke mit Noppen
35	Blauer Damenpullover
40	Weißer Herrenpullover
44	Poncho
48	Mützen
49	Blaues Barett
50	Babymützchen
51	Bunte Kindermütze mit Noppen
52	Goldene Abendkappe
53	Weiße Herrenmütze
54	Kapuze für Poncho & Co.
55	Käppi
57	Armstulpen mit Zackenmuster
58	Schal
60	Hausschläppchen
62	Babyschühchen

Vorwort

Schon immer, auch schon als kleines Mädchen, habe ich gerne gehäkelt. Aber zwei Dinge hielten mich auch immer davon ab: Erstens war ich damals Spezialistin im Häkeln von „Eieruhren" – Sie wissen schon: Am Anfang werden es immer weniger Maschen, man bekommt einen Schrecken und häkelt flugs vorne und hinten wieder Maschen dazu.

Und zweitens fand ich die gehäkelten Modelle (damals sehr beliebt waren Kostümchen im Muschelmuster oder Bikinis) nicht besonders inspirierend. Dennoch schwand mein Interesse am Häkeln nicht. So wie andere Menschen Schokolade, Schnitzel oder Kaffee zu ihrem Glück brauchen, so brauche ich eine Handarbeit. Während eines Urlaubs in einem winzigen Ort suchte ich verzweifelt nach einer Möglichkeit, mich zu beschäftigen. Ich wollte handarbeiten, aber alles, was ich finden konnte, waren ein paar Häkelnadeln und Topflappengarn. Also musste ich mich mit der Häkelei auseinander setzen. Ich rief eine Freundin an und sie erzählte mir etwas von „Wendeluftmaschen", um den „Eieruhr-Effekt" auszumerzen. Ich versuchte es mit diesen ominösen

Maschen und – oh Wunder – meine Kanten wurden gerade. Jetzt gab es kein Halten mehr: Ich häkelte einfarbige Kissen, Patchwork-Kissen, Babydecken, natürlich Topflappen, Schals und Taschen. Ich schwelgte in Farben, aber die Formen blieben immer die gleichen – jetzt allerdings ohne den „Eieruhr-Effekt".

Nach Hause zurückgekehrt, war ich höchst motiviert. Ich kaufte mir eine Zeitschrift mit Häkelanleitungen, Garn und ... gab sofort wieder auf. Was da stand, war nicht angetan, mich zu begeistern: 1 LM, 1 Lmüg, 1 St in die n M ... Diese Anleitungen machten keinen Spaß.

Einige Zeit später machte ich mir die Arbeit, das Ganze in „Langschrift" zu übersetzen. Doch das war mir auf Dauer zu mühsam. Ich kehrte also zurück zum Häkelsteno. Aber das Problem war nicht aus der Welt zu schaffen: Wenn ich gemütlich dasaß, um zu häkeln, musste ich mich pausenlos nach vorne beugen, um zu lesen, wie's weitergeht.

Ich dachte mir: Das muss doch einfacher gehen! Also begann ich, meine eigenen Muster zu entwerfen, alle Begriffe auszuschreiben und vieles zu verein-

fachen. Manches entspricht nicht der Schulweisheit, ist aber jahrelang erprobt und eignet sich zum gemütlichen Nacharbeiten.

Und so ist auch dieses Buch entstanden. Es wendet sich an alle, die noch keine oder wenig Häkelerfahrung haben, also nicht an Handarbeiter und -innen, die schon vorzüglich häkeln können und besonders aufregende Muster suchen.

Ich habe versucht, mit einfachen Maschen und Schnitten Modelle für die ganze Familie zu entwerfen, die Sie durch die Verwendung anderer Materialien und Farben variieren können. Ich möchte die Lust – und nicht den Frust – am Häkeln verbreiten, damit Sie alles, was ich eingangs beschrieben habe, nie erleben müssen. Das wünsche ich mir und ganz besonders Ihnen.

Ute Hammond

Grundlagen

Die Luftmasche hängt, wie der Name schon sagt, „in der Luft". Ohne Luftmasche geht beim Häkeln gar nichts. Sie ist auch die einfachste aller Häkelmaschen. Zuerst machen Sie einen Knoten mit einer Schlaufe.

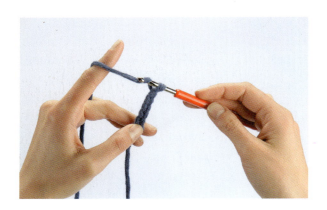

Nehmen Sie nun die Häkelnadel in eine Hand. Hängen Sie die Schlaufe auf die Häkelnadel. Ziehen Sie den Faden so an, dass die Schlaufe wie eine Masche auf der Nadel sitzt. Halten Sie die Häkelnadel in der rechten Hand, dann liegt der Faden, mit dem Sie häkeln wollen, über der linken Hand. Halten Sie die Häkelnadel in der linken Hand, dann liegt Ihr Faden über der rechten Hand. Fahren Sie von unten nach oben mit der Häkelnadel um den gespannten Faden herum. Ziehen Sie nun den Faden mit dem Häkchen der Häkelnadel durch die Schlaufenmasche hindurch. Das war Ihre 1. Luftmasche.

 Luftmasche

 die Masche, auf der die Wendeluftmasche sitzt

Wendeluftmasche für die feste Masche

Wendeluftmasche für das halbe Stäbchen

Wendeluftmasche für das Stäbchen

Die Wendeluftmasche ist auch eine Luftmasche. Sie wird am Anfang einer Reihe gehäkelt, damit das Häkelstück schön gerade wird. Häkeln Sie mit festen Maschen, dann werden für die 1. feste Masche am Anfang einer Reihe 1 Luftmasche gehäkelt. Häkeln Sie mit halben Stäbchen, dann werden statt des 1. Stäbchens einer Reihe 2 Luftmaschen gehäkelt. Häkeln Sie mit Stäbchen, dann beginnen Sie mit 3 Luftmaschen anstelle des 1. Stäbchens.

Die feste Masche sitzt, wie der Name schon sagt, fest auf einer Masche der Vorreihe. Häkeln Sie 1 Reihe Luftmaschen. Stechen Sie dann von vorne nach hinten durch 1 Luftmasche hindurch.

Ziehen Sie den Faden mit dem Häkchen der Nadel durch die Luftmasche. Auf der Nadel liegen jetzt 2 Maschen.

Ziehen Sie den Faden mit dem Häkchen der Häkelnadel durch diese beiden Maschen. Schon haben Sie 1 feste Masche gehäkelt.

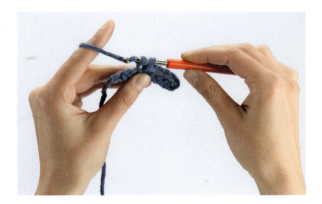

Grundlagen 7

Die hinten eingestochene feste Masche wird fast genauso wie eine feste Masche gehäkelt. Einziger Unterschied: Sie stechen nicht in beide „Beine" der festen Masche der Vorreihe ein, sondern nur in das hintere „Bein". Da das vordere „Bein" nicht mitgefasst wird, stellt es sich auf und bildet so eine schöne Rippe.

Die Kettmasche benötigen Sie, um ein Häkelstück zur Runde zu schließen, ohne dass eine „Treppe" entsteht. Stechen Sie mit der Häkelnadel in die Masche der Vorreihe von vorne nach hinten ein. Holen Sie den Faden mit dem Häkchen.

Ziehen Sie den Faden durch beide Maschen hindurch. Schon haben Sie 1 Kettmasche gehäkelt.

Grundlagen

Das halbe Stäbchen ist etwas höher als die feste Masche und etwas niedriger als das ganze Stäbchen. Zum Üben häkeln Sie zunächst wieder 1 Reihe Luftmaschen. Legen Sie dann den Faden von hinten nach vorne über die Häkelnadel. Auf der Nadel liegen also 1 Masche und 1 Faden. Stechen Sie mit der Nadel von vorne nach hinten durch 1 Masche der Vorreihe hindurch, und zwar durch die ganze Masche!

Holen Sie den Faden und ziehen Sie ihn durch die Masche. Auf der Nadel liegen jetzt 1 Masche, 1 Faden, 1 Masche.

Legen Sie den Faden wieder über die Nadel und ziehen Sie ihn durch die Masche, den Faden und die Masche hindurch. Sie haben ein halbes Stäbchen gehäkelt.

Grundlagen

Das Stäbchen ist höher als eine feste Masche und ein halbes Stäbchen. Um das Stäbchen zu häkeln, brauchen Sie natürlich zunächst auch eine Luftmaschenreihe oder ein schon angefangenes Häkelstück. Auf der Häkelnadel liegt 1 Masche. Legen Sie dann den Faden von hinten nach vorne über die Häkelnadel. Auf der Nadel liegen 1 Masche und 1 Faden. Stechen Sie mit der Nadel von vorne nach hinten durch 1 Masche der Vorreihe hindurch. Holen Sie den Faden und ziehen Sie ihn durch die Masche. Auf Ihrer Nadel liegen jetzt 1 Masche, 1 Faden, 1 Masche.

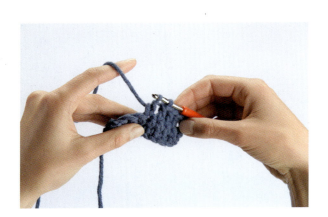

Legen Sie den Faden erneut ganz vorne beim Häkchen über die Nadel. Ziehen Sie ihn durch die 1. Masche und den Faden auf der Nadel hindurch. Auf der Nadel befinden sich nun 2 Maschen.

Legen Sie den Faden noch einmal ganz vorne beim Häkchen von hinten nach vorne über die Nadel und ziehen Sie ihn durch die beiden Maschen hindurch. Ihr Stäbchen ist fertig!

Die Maschenzunahme in der Mitte der Arbeit ist besonders einfach. Häkeln Sie an der Stelle, an der Sie 1 Masche zunehmen wollen, in 1 Masche der Vorreihe 2 Maschen. Möchten Sie 2 Maschen zunehmen, dann häkeln Sie in 2 Maschen jeweils 2 Maschen.

Die Maschenzunahme am Rand der Arbeit: Möchten Sie mehrere Maschen am Rand zunehmen, dann häkeln Sie am Rand so viele Luftmaschen, wie Sie Maschen zunehmen möchten. Hinzu kommen die üblichen Wendeluftmaschen. In der nächsten Reihe in diese Luftmaschen Maschen einhäkeln.

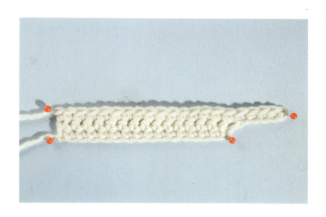

Die Maschenabnahme am Rand: Um am Rand Maschen abzunehmen, häkeln Sie nicht bis zum Ende der Vorreihe, sondern lassen einfach die gewünschte Menge an Maschen stehen, d. h. Sie häkeln nicht darüber. Schon haben Sie diese Maschen abgenommen.

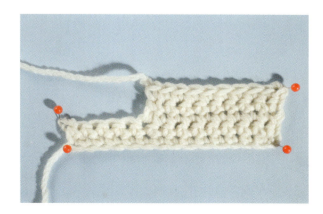

Grundlagen 11

Die Maschenabnahme in der Mitte der Arbeit:
Um feste Maschen abzunehmen (man nennt dies „Maschen zusammen abmaschen"), stechen Sie in 1 Masche der Vorreihe ein und holen Sie den Faden. Stechen Sie nun in die nächste Masche der Vorreihe ein und holen Sie den Faden. Auf der Nadel befinden sich 3 Maschen. Durch diese 3 Maschen ziehen Sie jetzt den Faden und schon ist 1 Masche „abgemascht"

2 Stäbchen zusammen abmaschen: Sie haben 1 Masche auf der Nadel. Machen Sie 1 Umschlag (d. h. Sie legen den Faden über die Nadel), stechen Sie in die Masche der Vorreihe ein und holen Sie den Faden. Auf der Nadel befinden sich jetzt 1 Masche, 1 Umschlag (Faden) und 1 Masche. Ziehen Sie den Faden durch die 1. Masche und den Umschlag. Auf der Nadel befinden sich jetzt 2 Maschen. Machen Sie erneut 1 Umschlag und stechen Sie in die nächste Masche der Vorreihe ein. Holen Sie den Faden. Ziehen Sie den Faden durch die 1. Masche und den Umschlag. Auf der Nadel befinden sich nun 3 Maschen. Ziehen Sie den Faden durch diese 3 Maschen. Und schon wird aus 2 Stäbchen 1 Stäbchen.

Das Vernähen von Fäden geht am einfachsten mit einer stumpfen Sticknadel. Ziehen Sie auf der Rückseite Ihres Häkelstückes den Faden durch einige Maschen hindurch.

Das Verhäkeln von Fäden: Geht Ihr Faden zu Ende oder möchten Sie mit einer anderen Farbe weiterarbeiten, haben Sie die Möglichkeit, den Faden zu verhäkeln. Legen Sie einfach den „alten" Faden oben über die Maschen der Vorreihe und häkeln Sie darüber. In der Rückreihe legen Sie das Reststück des „neuen" Fadens nach oben auf die Maschen der Vorreihe und verhäkeln ihn in Gegenrichtung.

Teile zusammenhäkeln: Ganz besonders schön werden die Nähte, wenn Sie sie zusammenhäkeln. Es ist noch dazu sehr einfach! Legen Sie die Teile aufeinander (Oberseite auf Oberseite) und stechen Sie mit der Häkelnadel durch beide Teile hindurch. Holen Sie den Faden und ziehen Sie ihn durch beide Teile hindurch. Legen Sie den Faden über die Nadel und ziehen Sie ihn durch die Masche hindurch. Sie häkeln also 1 feste Masche über beide Teile. Häkeln Sie so weiter Masche für Masche, bis Ihre beiden Teile zusammengehäkelt sind.

Der Matratzenstich: Haben Sie ein dickes Garn zum Häkeln benutzt, wird die Naht besonders schön und flach, wenn Sie die Häkelteile mit dem Matratzenstich zusammennähen. Hierbei liegen die Häkelteile nicht aufeinander, sondern aneinander. Legen Sie die Teile so aneinander, dass Sie auf der Innenseite nähen, d. h. Sie sehen die Rückseite der Häkelteile. Stechen Sie von der 1. Endmasche des linken Teils in die gegenüberliegende Endmasche des rechten Teils, danach von der nächsten Endmasche des rechten Teils in die nächste Endmasche des linken Teils. Arbeiten Sie in diesen Schlangenlinien bis zum Ende der Naht.

Grundlagen 13

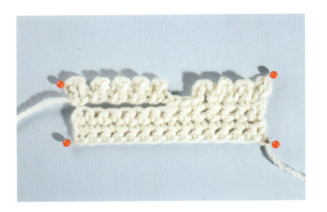

Mäusezähnchen oder Pikots à la Ute Hammond: Häkeln Sie in die 1. Masche der Vorreihe 1 feste Masche. Häkeln Sie 5 Luftmaschen. Arbeiten Sie in die 2. und 3. Masche der Vorreihe je 1 feste Masche, häkeln Sie 5 Luftmaschen und arbeiten Sie in die 4. und 5. Masche je 1 feste Masche. Schon haben Sie 3 Pikots gehäkelt.

Traditionelle Pikots (links oben): Häkeln Sie 5 Luftmaschen. Häkeln Sie in die 1. der Luftmaschen 1 feste Masche. Häkeln Sie 5 Luftmaschen. Häkeln Sie in die 1. der Luftmaschen 1 feste Masche usw. Mit 1 Kettmasche nach der festen Masche an der Kante anhäkeln.

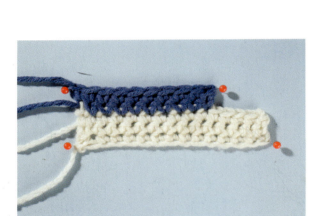

Verkürzte Reihen: Sie häkeln mit kurzen und langen Reihen. Häkeln Sie 2 Reihen, also 1 Hin- und 1 Rückreihe, in ihrer ganzen Länge. Die folgenden 2 Reihen häkeln Sie nicht bis ganz zum Ende, wenden die Arbeit an der angegebenen Stelle, häkeln 1 Wendeluftmasche und wieder zurück zum Anfang der Reihe. Dieses Muster ergibt sehr schöne Koller für längs gemusterte Pullover etc. (siehe Poncho Seite 44 ff.).

Das Zackenmuster können Sie mit festen Maschen oder Stäbchen häkeln. Auf 1 Masche der Vorreihe werden 3 Maschen gehäkelt, die wie kleine Fächer aussehen. Damit Ihr Häkelstück nicht ins Unendliche wächst, müssen Sie die 2 zugenommenen Maschen wieder abnehmen. Sie häkeln zunächst weiter Masche für Masche – die Anzahl wird in der Anleitung immer angegeben – und überspringen dann einfach 2 Maschen. Es entsteht jeweils ein kleines Loch. Das Wichtigste bei diesem Muster ist, dass Sie genauso viele Abnahmen wie Zunahmen häkeln, sodass Ihre Maschenzahl immer gleich bleibt.

Das Filethäkelmuster ist einfach, es besteht nur aus Stäbchen und Luftmaschen. Ein leeres Kästchen wird aus 1 Stäbchen, 2 Luftmaschen und 1 Stäbchen gehäkelt. Ein ausgefülltes Kästchen besteht aus 4 Stäbchen. Ein Kästchen „leiht" sich immer 1 Masche vom Nachbarkästchen. Hier ein Beispiel für ein Muster mit 15 Kästchen: 15 Kästchen x 3 Maschen = 45 Maschen plus 1 Masche für das Ende der Reihe, also die „Ecke" des letzten Kästchens. Sie benötigen 46 Maschen.

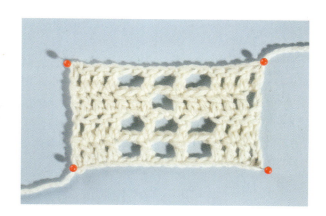

Das Fantasiemuster auf der Rückseite beginnen. Die Maschen zwischen den Sternchen jeweils wiederholen. 1. Reihe (Rückseite): 1 Wendeluftmasche, * 1 feste Masche und 1 Stäbchen in 1 feste Masche, 1 feste Masche in 1 feste Masche *.
2. und 4. Reihe (Vorderseite): 1 Wendeluftmasche, in jede feste Masche der Vorderreihe 1 feste Masche häkeln, die Stäbchen überspringen.
3. Reihe (Rückseite): 1 Wendeluftmasche, 1 feste Masche, * 1 feste Masche und 1 Stäbchen in 1 feste Masche, 1 feste Masche in 1 feste Masche *.

Das Noppenmuster entsteht auf der Rückseite. Häkeln Sie 1 feste Masche, 1 Umschlag und holen Sie den Faden durch dieselbe Masche der Vorreihe. Auf der Nadel sind 1 Masche, 1 Umschlag, 1 Masche. Ziehen Sie den Faden durch die 1. Masche und den Umschlag. Auf der Nadel sind 2 Maschen. Machen Sie 1 Umschlag und holen Sie den Faden durch dieselbe feste Masche. Ziehen Sie den Faden durch die 1. Masche und den Umschlag, auf der Nadel sind 3 Maschen. Fahren Sie so fort, bis sich 6 Maschen auf der Nadel befinden. Ziehen Sie den Faden durch alle 6 Maschen. Häkeln Sie 1 feste Masche.

Grundlagen 15

Der einfachste aller Topflappen

Größe
17 x 17 cm

Material:
Baumwolle für Nadelstärke 4 in Blau, 50 g (z. B. Lyric 8/8, Farbe Blau Nr. 511, von Coats)

Häkelnadel Nr. 4
Sticknadel ohne Spitze

1. Häkeln Sie 30 Luftmaschen (siehe Seite 6) und 1 Wendeluftmasche (siehe Seite 6 unten). Wenden Sie die Arbeit. Die 1. Luftmasche ist die Wendeluftmasche; sie ersetzt die 1. feste Masche, und da diese auf der nächsten Luftmasche sitzen würde, stechen Sie erst in die 3. Luftmasche ein und häkeln 29 feste Maschen.

2. Am Ende der Reihe wenden Sie die Arbeit und häkeln 1 Wendeluftmasche. Stechen Sie in die 3. Masche ein und häkeln Sie auf diese Weise weiter, bis ein Quadrat entstanden ist. Bei meinem Topflappen war dies nach 32 Reihen der Fall. Vernähen Sie noch den Anfangs- und den Endfaden (siehe Seite 12 unten). Schon ist Ihr Topflappen fertig!

Haben Sie diesen einfachen Topflappen gehäkelt, eröffnen sich Ihnen zahlreiche neue Möglichkeiten: Arbeiten Sie mit Wolle und verlängern Sie das Ganze, dann wird der Topflappen zum Schal. Ein paar Maschen mehr in Breite und Höhe, dann wird eine Tasche daraus. Ein großes Quadrat wird zum Kissen. Setzen Sie viele verschiedenfarbige Lappen zusammen, ergeben sich die schönsten Kissen, Tages- und Babydecken.

Tipp

Soll Ihr Topflappen einen Aufhänger bekommen, dann schauen Sie auf die nächste Seite. Dort finden Sie die entsprechende Anleitung.

16 Der einfachste aller Topflappen

Topflappen mit Pikotrand

Größe
19 x 19 cm

Material:
Baumwolle für Nadelstärke 4 in Blau und Weiß, je 50 g (z. B. Lyric 8/8, Farbe Blau Nr. 511 und Weiß Nr. 500, von Coats)

Häkelnadel Nr. 4

Sticknadel ohne Spitze

1. Häkeln Sie 26 Luftmaschen (siehe Seite 6) und 1 Wendeluftmasche (siehe Seite 6 unten). Wenden Sie die Arbeit. Die 1. Luftmasche ist die Wendeluftmasche; sie ersetzt die 1. feste Masche, und da diese auf der 1. Luftmasche sitzen würde, stechen Sie in die 3. Luftmasche ein und häkeln 25 feste Maschen.

2. Am Ende der Reihe wenden Sie die Arbeit und häkeln 1 Wendeluftmasche, stechen in die 3. Masche ein und häkeln bis zum Ende der Reihe. So häkeln Sie weiter, bis ein Quadrat entstanden ist. Bei meinem Topflappen war das nach 26 Reihen der Fall.

3. Für den Rand häkeln Sie zuerst einmal mit dem blauen Garn um den Topflappen herum. Damit Ihr Topflappen schön gerade und flach bleibt, häkeln Sie an den vier Ecken in die Eckmaschen je 3 feste Maschen. Wenn Sie einmal rundherum gehäkelt haben, ziehen Sie den Faden durch die letzte Masche und schneiden ihn ab.

4. Am Anfang und am Ende Ihres Topflappens hängt ein Faden, den Sie nicht vernähen müssen, Sie können ihn verhäkeln (siehe Seite 13 oben). Den Topflappenrand können Sie ganz einfach mit festen Maschen oder mit Pikots umhäkeln. Ich habe zwei Seiten mit festen Maschen und zwei Seiten mit Pikots umhäkelt.

5. Entscheiden Sie sich für feste Maschen, dann greifen Sie einfach zum weißen Garn und häkeln die nächsten beiden Runden genauso wie die 1. blaue Runde. Möchten Sie den Rand mit Pikots arbeiten, dann sehen Sie auf Seite 14 oben nach. Für diesen Topflappen habe ich die Pikots mit 3 Luftmaschen gehäkelt.

6. Der Topflappen bekommt auch noch einen Aufhänger. Hierfür häkeln Sie in die 1. Masche der drei Eckmaschen 1 feste Masche. Arbeiten Sie dann 10 Luftmaschen. Häkeln Sie in die 3. Masche der 3 Eckmaschen 1 feste Masche und umhäkeln Sie die Luftmaschen des Aufhängers mit festen Maschen. Sind Sie am Ende des Rings angekommen, stechen Sie in die feste Masche gleich neben dem Aufhänger und häkeln 1 Kettmasche (siehe Seite 8). Zum Schluss den Faden abschneiden, durch die letzte Masche hindurchziehen und vernähen (siehe Seite 12 unten).

Topflappen mit Pikotrand 17

Tagesdecke in Regenbogenfarben

Größe
1 x 2 m

Material:
Wolle für die Nadelstärke 3,5–4, insgesamt 1500 g, je 50 g in Marine, Rauchblau, Royal, Denim, Hellblau, Tanne, Jade, Mint, Oliv, Heu, Salbeigrün, Wollweiß, Zitrone, Stroh, Gold, Bernstein, Mandel, Nuss, Orange, Papaya, Dunkellila, Lila, Hyazinth, Burgund, Fresie, Cyclam, Rosé, Chianti, Kirsche und Feuer (z. B. Extra, Universa, Bravo und Regia 6fädig, von Schachenmayr)

Häkelnadel Nr. 4

Sticknadel ohne Spitze

Das Zackenmuster (siehe Seite 14 unten) ergibt sich ganz einfach, indem Sie in regelmäßigen Abständen 2 Maschen zunehmen und 2 Maschen wieder abnehmen. Wichtig ist bei dieser Decke, dass Ihre Maschenzahl durch 19 teilbar ist, zuzüglich 2 Maschen.

1. Reihe: Häkeln Sie 192 Luftmaschen (siehe Seite 6). (Zur Erinnerung: 19 x 10 = 190 + 2 = 192). Wenden Sie die Arbeit.

2. Reihe: Häkeln Sie 1 Wendeluftmasche (siehe Seite 6 unten), stechen Sie in die 3. Luftmasche ein und häkeln Sie in jede Luftmasche 1 feste Masche (siehe Seite 7). Wenden Sie die Arbeit und beginnen Sie jetzt das eigentliche Zackenmuster.

3. Reihe: Häkeln Sie 3 Wendeluftmaschen, stechen Sie von der Häkelnadel aus gezählt in die 4. Masche, überspringen Sie 2 feste Maschen, * häkeln Sie 7 Stäbchen (siehe Seite 10) in 7 feste Maschen, häkeln Sie in die folgende feste Masche 3 Stäbchen, häkeln Sie 7 Stäbchen in die folgenden 7 festen Maschen, überspringen Sie 2 feste Maschen *. Das Muster zwischen den Sternchen bis zum Ende der Reihe wiederholen. Die Reihe endet mit 7 Stäbchen in 7 festen Maschen, 1 übersprungenen Masche, 1 Stäbchen in der letzten festen Masche und 1 Stäbchen in der obersten Masche der 3 Wendeluftmaschen.

Diese 3. Reihe wiederholen Sie nun fortlaufend. Häkeln Sie 4 Reihen in jeder Farbe. Die Länge der Decke bestimmen Sie.

Tagesdecke in Regenbogenfarben

Kissen im Filethäkelmuster

Größe
33 x 37 cm

Material:

Baumwollgarn Stärke 10 für die Nadelstärke 1,25–1,5 in Pink, 100 g (z. B. Floretta 10, Farbe 4417, von Coats)

Häkelnadel Nr. 1,5

Sticknadel ohne Spitze

Taftstoff passend zum Häkelgarn (90 cm breit), 40 cm

Nähgarn passend zum Häkelgarn

Nähgarn passend zum Taftstoff

Reißverschluss passend zum Taftstoff, 25 cm lang

passendes kleines Kissen

1. Häkeln Sie zuerst die Kissenplatte im Filethäkelmuster (siehe Seite 15 oben) nach der Zeichnung. Häkeln Sie zunächst 145 Luftmaschen und 1 Wendeluftmasche (siehe Seite 6). Wenden Sie Ihre Arbeit und häkeln Sie in jede der 144 Luftmaschen 1 feste Masche (siehe Seite 7). Wenden Sie die Arbeit, häkeln Sie 3 Wendeluftmaschen und dann 144 Stäbchen (siehe Seite 10) in die festen Maschen. Arbeit wenden.

2. Häkeln Sie nach der Häkelschrift 3 Wendeluftmaschen, 3 Stäbchen, 2 Luftmaschen über 2 Stäbchen der Vorreihe, 132 Stäbchen, 2 Luftmaschen über 2 Stäbchen der Vorreihe und 4 Stäbchen. Häkeln Sie weiter nach der Häkelschrift. Jedes Kreuzchen bedeutet 1 gefülltes Filetquadrat. Unter den beiden Vögelchen können Sie das Monogramm desjenigen einhäkeln, dem Sie mit diesem Kissen eine Freude machen möchten.

3. Nach Beendigung der Kissenplatte feuchten Sie sie an und stecken sie auf einem Bügelbrett mit Stecknadeln fest. Bügeln Sie Ihre Kissenplatte. Dabei das Eisen nicht hin und her schieben, sondern immer von oben mit Druck auf die Platte pressen. Lassen Sie die Kissenplatte so festgesteckt trocknen.

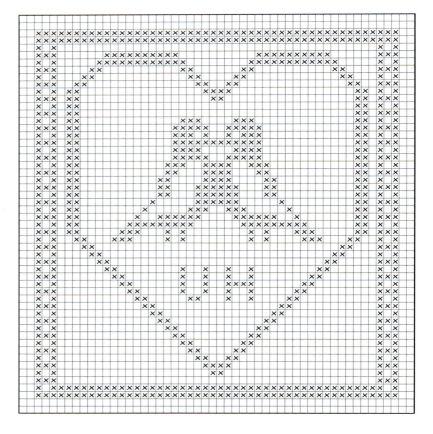

4. Schneiden Sie zwei Taftstücke in passender Größe zu. Nähen Sie mit dem farblich passenden Garn die gehäkelte Kissenplatte auf der Oberseite eines Taftstückes fest. Legen Sie die beiden Außenseiten der Kissen aufeinander. Die Kissenplatte befindet sich jetzt innen zwischen den beiden Taftstücken. Nähen Sie das Kissen an drei Seiten zu. Wenden Sie alles wieder nach außen und nähen Sie auf der offenen Seite den Reißverschluss ein. Stecken Sie das Kissen hinein und fertig ist Ihr prachtvolles Kissen!

5. Sie können jetzt gut häkeln, aber keinen Reißverschluss einnähen? Ganz einfach: Schließen Sie das Kissen an der vierten Seite mit Druckknöpfen oder nähen Sie es von Hand zu.

Tipp

Stecken Sie die Kissenplatte vor dem Bügeln auf einem Geschirrhandtuch mit eingewebten Karos o. Ä. fest. So können Sie sich an den Karos orientieren und die Kanten Ihrer Kissenplatte werden wunderbar gerade!

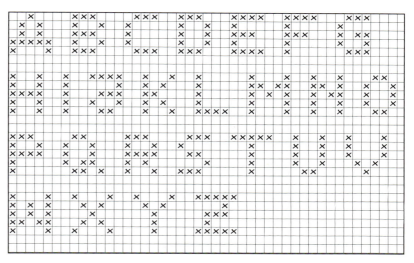

Kissen im Filethäkelmuster

Sommer-Top

Größe
36–38 (40–42)

Material:
Baumwolle für die Nadelstärke 4,5–5 in Goldgelb, 350 g

Baumwolle für die Nadelstärke 4,5–5 in Orange, 50 g

(z. B. Punto, Farbe Sonne Mouliné Nr. 22 und Farbe Mango Nr. 24, von Schachenmayr)

Häkelnadel Nr. 4,5

Sticknadel ohne Spitze

Dieses Top ist ein wahrer Verwandlungskünstler. Wenn Sie es aus Wolle arbeiten und ein paar Maschen sowie einige Reihen mehr häkeln, wird es zum Pullunder. Versehen Sie diesen noch mit Ärmeln (siehe Seite 39), dann wird ein Pullover daraus. Das Grundmodell lässt sich auch zu einer kleinen Weste für Kinder und Babys abwandeln. Orientieren Sie sich hierfür an der Maschenzahl der bunten Kinderjacke von Seite 30 oder des Babyjäckchens von Seite 25.

1. Häkeln Sie 60 (66) Luftmaschen und 1 Wendeluftmasche (siehe Seite 6). Wenden Sie Ihre Arbeit und häkeln Sie 59 (65) feste Maschen (siehe Seite 7). Wenden Sie Ihre Arbeit und häkeln Sie erneut 1 Wendeluftmasche sowie 59 (65) feste Maschen. Häkeln Sie so weiter, 54 Reihen.

2. In der 55. Reihe arbeiten Sie den ersten Armausschnitt. Häkeln Sie die Wendeluftmasche und 54 (60) feste Maschen. In die letzten 5 Maschen der Vorreihe häkeln Sie nicht; diese bleiben einfach stehen. Wenden Sie Ihre Arbeit. Häkeln Sie 1 Wendeluftmasche und 49 (55) feste Maschen. Die restlichen Maschen bleiben stehen. Schon haben Sie Ihre beiden Armausschnitte gehäkelt, oder, besser gesagt, nicht gehäkelt!

3. Mit den verbliebenen 50 (56) Maschen häkeln Sie noch einmal 32 (34) Reihen und schon ist Ihr Rückenteil fertig. Sie haben insgesamt 88 (90) Reihen gehäkelt.

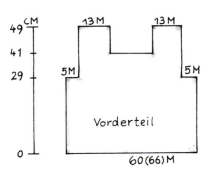

4. Das Vorderteil häkeln Sie bis zur Reihe 78 (80) ganz genauso. In dieser Reihe häkeln Sie den Halsausschnitt. (Sie wissen ja, alles in diesem Buch ist einfach, so auch dieser Ausschnitt!) Arbeiten Sie 1 Wendeluftmasche und 12 feste Maschen. Wenden Sie Ihre Arbeit. Häkeln Sie wieder 1 Wendeluftmasche und 12 feste Maschen und arbeiten Sie auf diese Weise 10 Reihen. Auf der anderen Seite des Ausschnitts häkeln Sie genauso. In der Mitte des Vorderteils bleiben 24 (30) Maschen stehen.

5. Wenn Vorder- und Rückenteil fertig gestellt sind, häkeln Sie die beiden Teile an den Schultern zusammen (siehe Seite 13). Danach beginnen Sie, die orangefarbene Einfassung Ihres Tops zu häkeln. Häkeln Sie zuerst mit dem gelben Baumwollgarn feste Maschen gemäß Zeichnung (Seite 24) von Buchstabe A nach B. Denken Sie

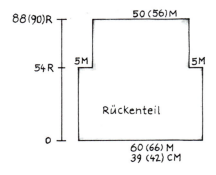

22 Sommer-Top

daran, in die Eckmaschen (hier Buchstabe B) jeweils 3 feste Maschen zu häkeln, wie beim Topflappen auf Seite 17 beschrieben.

6. Beim Buchstaben C überspringen Sie die Eckmasche. Wenn Sie an der Schulternaht beim Buchstaben D angekommen sind, arbeiten Sie einfach weiter am Vorderteil entlang. Verfahren Sie genauso wie am Rückenteil. Sie enden beim Buchstaben G. Häkeln Sie die andere Seite genauso.

7. Wenn beide Seiten mit gelbem Garn umhäkelt sind, arbeiten Sie mit dem orangefarbenen Garn weiter. Beginnen Sie wieder am Buchstaben A und häkeln Sie mit festen Maschen. Damit Ihr Top schön anliegt und sich die Maschen der Einfassung nicht auseinander schieben, nehmen Sie an den Seitenteilen einige Maschen ab: Häkeln Sie 10 feste Maschen. Maschen Sie die 11. und 12. Masche zusammen ab (siehe Seite 12 oben) und arbeiten Sie wieder 10 feste Maschen. Danach erneut 2 Maschen zusammen abmaschen.

8. Häkeln Sie so weiter bis zum Armausschnitt. Hier arbeiten Sie 3 feste Maschen in 3 feste Maschen der Vorreihe und maschen die 4. und 5. Masche zusammen ab. Auch dies wiederholen Sie über den gesamten Armausschnitt. Arbeiten Sie wie unter Punkt 7 beschrieben weiter bis zum Buchstaben G.

9. Wenden Sie Ihre Arbeit und häkeln Sie vom Buchstaben G zum Buchstaben A. Dabei häkeln Sie wie folgt: An den Seitenteilen 15 feste Maschen arbeiten, die 16. und 17. Masche zusammen abmaschen. Am Armausschnitt die 6. und 7. Masche zusammen abmaschen. Sind Sie wieder bei A angelangt, die Arbeit noch einmal wenden und erneut von A nach G häkeln. Dabei keine Abnahmen vornehmen. Die zweite Seite genauso arbeiten. Den Faden nicht abschneiden.

10. Häkeln Sie nun die beiden Seitenteile zusammen (siehe Seite 13). Legen Sie hierfür Innenseite auf Innenseite. Die Buchstaben A und G sowie B und F liegen aufeinander. Häkeln Sie jeweils von G nach F und verwenden Sie dabei den Faden, den Sie im vorigen Arbeitsschritt nicht abgeschnitten haben. Fertig!

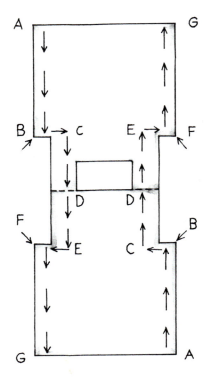

Tipp

Eine selbst gehäkelte Blume (siehe Seite 61), eine Batistrose oder eine Brosche vervollständigen Ihr Top.

Babyjäckchen im Fantasiemuster

Größe
62–68

Material:
Babywolle für die Nadelstärke 2,5–3, 150 g

(z. B. Regia 4fädig Color, Farbe Candy Color Nr. 5062, von Schachenmayr)

Häkelnadel Nr. 3–3,5

Sticknadel ohne Spitze

4 Knöpfe

Nähnadel

Nähgarn

Da ich sehr ungern nähe, versuche ich immer, möglichst viele Teile an einem Stück zu häkeln. So auch bei diesem Babyjäckchen. Bis zum Armausschnitt sind die beiden Vorderteile und das Rückenteil an einem Stück gehäkelt.

1. Reihe: Häkeln Sie 110 Luftmaschen. Wenden Sie die Arbeit.

2.–4. Reihe: Häkeln Sie 1 Wendeluftmasche und arbeiten Sie die 1. feste Masche in die 3. Luftmasche. Häkeln Sie in jede folgende Luftmasche 1 feste Masche. Wiederholen Sie diese 2. Reihe 2-mal.

5. Reihe: Hier arbeiten Sie das erste Knopfloch. Häkeln Sie am Anfang der Reihe 1 Wendeluftmasche, stechen Sie in die 3. feste Masche ein und häkeln Sie 1 feste Masche. Stechen Sie in die 4. feste Masche ein und häkeln Sie 1 feste Masche. Häkeln Sie 2 Luftmaschen, überspringen Sie 2 feste Maschen und häkeln Sie bis zum Ende der Reihe feste Maschen.

6. Reihe: Häkeln Sie in alle Maschen der Vorreihe feste Maschen, auch in die Luftmaschen. Schon haben Sie das erste Knopfloch gehäkelt! Weitere Knopflöcher arbeiten Sie in der 21. und 22. sowie der 37. und 38. Reihe. Das letzte Knopfloch wird ganz zum Schluss mit der Einfassung gehäkelt.

Wenden Sie die Arbeit und beginnen Sie jetzt mit dem Fantasiemuster (siehe Seite 15):
1. Reihe (Rückseite): Häkeln Sie 1 Wendeluftmasche, 6 feste Maschen für die Leiste, * 1 feste Masche und 1 Stäbchen in 1 feste Masche der Vorreihe, 1 feste Masche *, von * bis * 48-mal wiederholen. Zum Schluss 7 feste Maschen für die Leiste arbeiten.

2. Reihe (Vorderseite): Häkeln Sie 1 Wendeluftmasche und arbeiten Sie je 1 feste Masche in die festen Maschen der Vorreihe. Überspringen Sie die Stäbchen.

3. Reihe: Häkeln Sie 1 Wendeluftmasche, 5 feste Maschen für die Leiste, * 1 feste Masche und 1 Stäbchen in 1 feste Masche der Vorreihe, 1 feste Masche *, von * bis * 49-mal wiederholen und 6 feste Maschen für die Leiste arbeiten.

4. Reihe: Wie die 2. Reihe. Wiederholen Sie die Reihen 1–4 fortlaufend, bis Sie eine Höhe von 13 cm erreicht haben. Dann teilen Sie die Arbeit für die Armausschnitte:

30 Maschen für das Vorderteil, 50 Maschen für das Rückenteil und 30 Maschen für das zweite Vorderteil.

Rückenteil

1. Reihe: 1 Wendeluftmasche, 2 feste Maschen, * 1 feste Masche und 1 Stäbchen in 1 feste Masche der Vorreihe, 1 feste Masche * häkeln, von * bis * 23-mal wiederholen. Am Ende der Reihe 1 feste Masche in die Wendeluftmasche häkeln.

2. Reihe: 1 Wendeluftmasche arbeiten und bis zum Ende der Reihe feste Maschen häkeln.

3. Reihe: 1 Wendeluftmasche, 1 feste Masche, * 1 feste Masche und 1 Stäbchen in 1 feste Masche der Vorreihe, 1 feste Masche * häkeln, von * bis * 23-mal wiederholen. Am Ende der Reihe 1 feste Masche in die feste Masche der Vorreihe sowie 1 feste Masche in die Wendeluftmasche häkeln.

4. Reihe: 1 Wendeluftmasche arbeiten und bis zum Ende der Reihe feste Maschen häkeln. Wiederholen Sie die Reihen 1–4 fortlaufend.

Nach 32 Reihen (ab der Teilung für die Armausschnitte) ist das Rückenteil fertig. Den Faden abschneiden und vernähen.

Rechtes Vorderteil

Beginnen Sie mit dem Muster dort, wo sich normalerweise die Seitennaht befände.

1. Reihe: Häkeln Sie 1 Wendeluftmasche, 2 feste Maschen, * 1 feste Masche und 1 Stäbchen in 1 feste Masche der Vorreihe, 1 feste Masche *, von * bis * 11-mal wiederholen. Am Ende der Reihe für die Leiste in die letzten 4 festen Maschen und in die Wendeluftmasche jeweils 1 feste Masche häkeln.

2. Reihe: 1 Wendeluftmasche arbeiten und bis zum Ende der Reihe feste Maschen häkeln.

3. Reihe: 1 Wendeluftmasche, 1 feste Masche, * 1 feste Masche und 1 Stäbchen in 1 feste Masche der Vorreihe, 1 feste Masche * häkeln, von * bis * 11-mal wiederholen. Am Ende der Reihe für die Leiste in die letzten 5 festen Maschen und in die Wendeluftmasche jeweils 1 feste Masche häkeln.

4. Reihe: Häkeln Sie 1 Wendeluftmasche und arbeiten Sie bis zum Ende der Reihe feste Maschen. Wiederholen Sie diese 4 Reihen noch 3-mal, bis Sie insgesamt 16 Reihen gearbeitet haben. Dann beginnen Sie den Halsausschnitt.

Halsausschnitt

1. Reihe: Sie beginnen an der Schulterseite. Häkeln Sie 1 Wendeluftmasche, 1 feste Masche, * 1 feste Masche und 1 Stäbchen in 1 feste Masche der Vorreihe, 1 feste Masche *, von * bis * 6-mal wiederholen. Am Ende der Reihe 15 feste

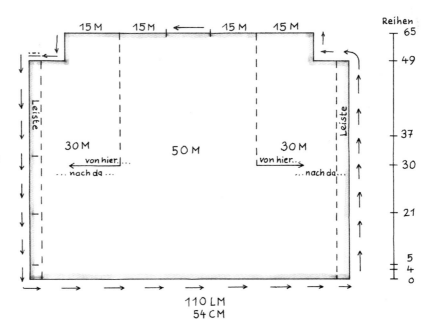

Babyjäckchen im Fantasiemuster

Maschen in die festen Maschen der Vorreihe und 1 feste Masche in die Wendeluftmasche häkeln.

2. Reihe: Wenden Sie die Arbeit. 1 Wendeluftmasche arbeiten und feste Maschen bis zum Ende der Reihe häkeln.

3. Reihe: Wenden Sie die Arbeit. 1 Wendeluftmasche, 2 feste Maschen, * 1 feste Masche und 1 Stäbchen in 1 feste Masche der Vorreihe, 1 feste Masche * häkeln, von * bis * 6-mal wiederholen. Am Ende der Reihe 14 feste Maschen in die festen Maschen der Vorreihe und 1 feste Masche in die Wendeluftmasche häkeln.

4. Reihe: Arbeit wenden. 1 Wendeluftmasche arbeiten und feste Maschen bis zum Ende der Reihe häkeln.

5. Reihe: Arbeit wenden. Arbeiten Sie 1 Wendeluftmasche, 1 feste Masche, * 1 feste Masche und 1 Stäbchen in 1 feste Masche der Vorreihe, 1 feste Masche *, von * bis * 6-mal wiederholen. Häkeln Sie 6 feste Maschen und wenden Sie die Arbeit. Sie haben 10 Maschen abgenommen.

6. Reihe: Wenden Sie die Arbeit und häkeln Sie feste Maschen bis zum Ende der Reihe.

7. Reihe: Wenden Sie die Arbeit. Häkeln Sie 1 Wendeluftmasche, 2 feste Maschen, * 1 feste Masche und 1 Stäbchen in 1 feste Masche der Vorreihe, 1 feste Masche *, von * bis * 6-mal wiederholen. Häkeln Sie am Ende der Reihe 4 feste Maschen in die festen Maschen der Vorreihe und 1 feste Masche in die Wendeluftmasche.

8. Reihe: Wenden Sie die Arbeit. Arbeiten Sie 1 Wendeluftmasche und häkeln Sie feste Maschen bis zum Ende der Reihe. Wiederholen Sie die Reihen 5–8 noch 2-mal.

Linkes Vorderteil

Beginnen Sie dort, wo sich normalerweise die Seitennaht befände.
1. Reihe: Häkeln Sie 1 Wendeluftmasche und arbeiten Sie feste Maschen bis zum Ende der Reihe.

2. Reihe: Häkeln Sie 1 Wendeluftmasche. Arbeiten Sie 4 feste Maschen, * 1 feste Masche und 1 Stäbchen in 1 feste Masche der Vorreihe, 1 feste Masche *,

von * bis * 11-mal wiederholen. Häkeln Sie am Ende der Reihe 2 feste Maschen in die festen Maschen der Vorreihe sowie 1 feste Masche in die Wendeluftmasche.

3. Reihe: Häkeln Sie 1 Wendeluftmasche und arbeiten Sie bis zum Ende der Reihe feste Maschen.

4. Reihe: 1 Wendeluftmasche, 5 feste Maschen, * 1 feste Masche und 1 Stäbchen in 1 feste Masche der Vorreihe, 1 feste Masche * häkeln, von * bis * 11-mal wiederholen. Am Ende der Reihe 1 feste Masche in die Wendeluftmasche häkeln. Wiederholen Sie diese 4 Reihen, bis Sie insgesamt 16 Reihen gearbeitet haben. Dann beginnen Sie den Halsausschnitt.

Halsausschnitt

1. Reihe: Häkeln Sie 1 Wendeluftmasche, 15 feste Maschen, * 1 feste Masche und 1 Stäbchen in 1 feste Masche der Vorreihe, 1 feste Masche *, von * bis * 6-mal wiederholen. Am Ende der Reihe 2 feste Maschen arbeiten.

2. Reihe: Wenden Sie die Arbeit. Häkeln Sie 1 Wendeluftmasche und arbeiten Sie feste Maschen bis zum Ende der Reihe.

3. Reihe: Häkeln Sie 1 Wendeluftmasche und 14 feste Maschen, * 1 feste Masche und 1 Stäbchen in 1 feste Masche der Vorreihe, 1 feste Masche *, von * bis * 6-mal wiederholen. Am Ende der Reihe 1 feste Masche in die Wendeluftmasche häkeln.

4. Wenden Sie die Arbeit. Häkeln Sie 1 Wendeluftmasche und arbeiten Sie feste Maschen bis zum Ende der Reihe. Wiederholen Sie diese 4 Reihen noch 1-mal. Die Vorderteile und das Rückenteil sind fertig gehäkelt. Häkeln Sie mit festen Maschen die Schulternähte zusammen (siehe Seite 13).

Ärmel

Häkeln Sie 30 Luftmaschen und 1 Wendeluftmasche. Stechen Sie in die 3. Luftmasche ein und häkeln Sie bis zum Ende der Reihe feste Maschen. Häkeln Sie noch 5 Reihen feste Maschen. In der 7. Reihe (Rückseite) beginnen Sie wieder mit dem Fantasiemuster. Wenn Sie das Fantasiemuster 2-mal gehäkelt haben (4 Reihen), beginnen Sie mit der Zunahme für den Ärmel. Nehmen Sie in jeder 4. Reihe am Anfang und am Ende 1 Masche zu (siehe Seite 11). Nach 35 Reihen haben Sie auf 44 Maschen zugenommen. Häkeln Sie noch 1 Reihe feste Maschen und Ihr Ärmel ist fertig. Arbeiten Sie den zweiten Ärmel genauso. Häkeln Sie die beiden Ärmel mit festen Maschen in den Armausschnitt.

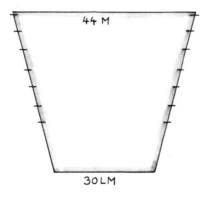

Tipp
Damit Armausschnitt und oberes Ende des Ärmels genau zusammenpassen, müssen Sie eventuell noch ein paar Maschen mehr zunehmen.

Tipp
Wenn Sie schon wissen, ob's ein Junge oder Mädchen wird, können Sie für die Farbe der Umrandung auch Hellblau oder Rosa wählen.

Umrandung

1. Die Umrandung wird beinahe genauso gehäkelt wie das Fantasiemuster. Damit sich jedoch am Rand hübsche kleine Zacken bilden, verzichten Sie auf die Reihe feste Maschen. Häkeln Sie die Umrandung auf der Innenseite des Jäckchens und der Ärmel. Beginnen Sie an der unteren Kante der Leiste und häkeln Sie um das gesamte Jäckchen herum. Anschließend folgen Sie den Pfeilen auf der Zeichnung von Seite 27.

2. Beim Halsausschnitt häkeln Sie auch noch das letzte Knopfloch. Häkeln Sie oben an der Knopfleiste über die ersten 4 festen Maschen das Fantasiemuster, arbeiten Sie dann 1 Luftmasche, überspringen Sie 1 feste Masche der Vorreihe und häkeln Sie danach bis zum Ende das Fantasiemuster.

Bunte Kinderjacke mit Noppen

Größe
134–140

Material:
Wolle für die Nadelstärke 4–5 in Bunt, 400 g

(z. B. Bravo Color, Farbe Nizza Color Nr. 90, von Schachenmayr)

Häkelnadel Nr. 4

Sticknadel ohne Spitze

14 Knöpfe

passendes Nähgarn

Nähnadel

Das Jäckchen wird mit festen Maschen (siehe Seite 7), Stäbchen (siehe Seite 10) und Noppen (siehe Seite 15 unten) gehäkelt. Ich habe Vorder- und Rückenteile an einem Stück gearbeitet. Natürlich können Sie die drei Teile auch einzeln häkeln.

Passend zu dieser Jacke finden Sie auf Seite 51 eine bunte Kindermütze.

1. Wenn Sie die Jacke an einem Stück häkeln möchten, arbeiten Sie 139 Luftmaschen. (Häkeln Sie die Teile einzeln, dann arbeiten Sie den Rücken mit 69 Maschen und jedes Vorderteil mit 35 Luftmaschen. Vergessen Sie die Wendeluftmaschen nicht!)

2. Häkeln Sie 7 Reihen feste Maschen. Häkeln Sie * 1 Reihe Stäbchen, 3 Reihen feste Maschen * und wiederholen Sie diese 4 Reihen 7-mal. Danach beginnt die Abnahme für den Armausschnitt und das Teilen in Rückenteil und zwei Vorderteile. Ab hier beginnen Sie auch, die Noppen zu arbeiten und häkeln keine Stäbchenreihen mehr, sondern nur noch feste Maschen.

Rückenteil

1. Häkeln Sie zuerst das Rückenteil. Beginnen Sie auf der Rückseite über der 36. Masche der Vorreihe. Häkeln Sie 34 feste Maschen, arbeiten Sie in die 35. Masche 1 Noppe und häkeln Sie noch einmal 30 feste Maschen. Die 4 restlichen Maschen werden nicht gehäkelt; sie ergeben die Abnahme für den Armausschnitt.

2. In der nächsten Reihe häkeln Sie feste Maschen und hören auch hier 4 Maschen vor dem Ende auf für den 2. Armausschnitt. Ab der folgenden Reihe häkeln Sie die Noppen gemäß Zeichnung. Zwischen jeder Noppenreihe häkeln Sie 1 Reihe feste Maschen. Häkeln Sie noch eine weitere Reihe feste Maschen und Ihr Rückenteil ist fertig.

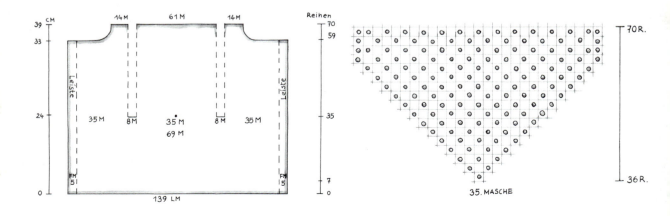

Vorderteil

1. Die Vorderteile werden mit Ausnahme von Leiste und Halsausschnitt genauso wie das Rückenteil gehäkelt. Häkeln Sie für die Leisten 5 feste Maschen. Die 1. Noppe häkeln Sie nach der Leiste in die 6. feste Masche. Danach verteilen Sie die Noppen nach der Zeichnung.

2. Beginnen Sie nach 24 Reihen fester Maschen mit der Abnahme für den Halsausschnitt. Häkeln Sie vom Armausschnitt kommend nur 21 Maschen und wenden Sie Ihre Arbeit. Sie haben die ersten 10 Maschen für den Halsausschnitt abgenommen.

3. Häkeln Sie 1 Wendeluftmasche und feste Maschen bis zum Ende der Reihe. In der nächsten Reihe häkeln Sie 18 Maschen. Arbeit wenden. Häkeln Sie 1 Wendeluftmasche und feste Maschen bis zum Ende der Reihe. In der nächsten Reihe häkeln Sie 16 Maschen. Arbeit wenden. Häkeln Sie 1 Wendeluftmachen und feste Maschen bis zum Ende der Reihe. In der nächsten Reihe häkeln Sie 15 Maschen. Arbeit wenden. Häkeln Sie 1 Wendeluftmasche und feste Maschen bis zum Ende der Reihe. In der nächsten Reihe häkeln Sie 14 Maschen. Arbeit wenden. Häkeln Sie 1 Wendeluftmasche und feste Maschen bis zum Ende der Reihe. Fertig ist Ihr Ausschnitt! Sie haben 17 Maschen abgenommen.

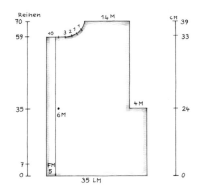

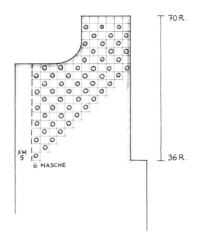

4. Häkeln Sie noch 1 Reihe feste Maschen. Nun ist ein Vorderteil fertig gestellt. Häkeln Sie das zweite Vorderteil gegengleich.

Häkeln Sie Vorder- und Rückenteile an den Schultern zusammen (siehe Seite 13). Anschließend häkeln Sie um den gesamten Halsausschnitt 1 Reihe feste Maschen.

Ärmel

1. Reihe: Häkeln Sie 31 Luftmaschen und 1 Wendeluftmasche.

2. Reihe: Häkeln Sie 30 feste Maschen. Wenden Sie die Arbeit.

3. Reihe: Sie arbeiten auf der Rückseite und häkeln die 1. Noppenreihe. Arbeiten Sie 1 Wendeluftmasche, 2 feste Maschen, 1 Noppe, 3 feste Maschen, 1 Noppe, 3 feste Maschen, 1 Noppe, 3 feste Maschen, 1 Noppe, 3 feste Maschen, 1 Noppe, 3 feste Maschen, 1 Noppe, 3 feste Maschen, 1 Noppe, 3 feste Maschen. Sie haben 7 Noppen gehäkelt.

4. Reihe: Häkeln Sie 1 Wendeluftmasche und bis zum Ende der Reihe feste Maschen.

5. Reihe: Arbeiten Sie 1 Wendeluftmasche, 1 Noppe, 3 feste Maschen, 1 Noppe, 3 feste Maschen, 1 Noppe, 3 feste

32 Bunte Kinderjacke mit Noppen

Maschen, 1 Noppe, 3 feste Maschen, 1 Noppe, 3 feste Maschen, 1 Noppe, 3 feste Maschen, 1 Noppe, 5 feste Maschen.

6. Reihe: Häkeln Sie 1 Wendeluftmasche und bis zum Ende der Reihe feste Maschen.

7. Reihe: Arbeiten Sie 1 Wendeluftmasche, 2 feste Maschen,
1 Noppe, 3 feste Maschen,
1 Noppe, 3 feste Maschen,
1 Noppe, 3 feste Maschen,
1 Noppe, 3 feste Maschen,
1 Noppe, 3 feste Maschen,
1 Noppe, 3 feste Maschen,
1 Noppe, 3 feste Maschen. Sie haben das Ärmelbündchen mit den Noppen gehäkelt.

8.–13. Reihe: Weiter geht es mit dem Ärmel. Häkeln Sie 5 Reihen feste Maschen. In der nächsten Reihe beginnt die Zunahme (siehe Seite 11) für den Ärmel. Häkeln Sie 1 Reihe Stäbchen. In dieser und in allen folgenden Stäbchenreihen nehmen Sie am Anfang und am Ende der Reihe je 1 Stäbchen zu.

14.–59. Reihe: Häkeln Sie jetzt weiter mit 3 Reihen festen Maschen und 1 Reihe Stäbchen. Diese 4 Reihen häkeln Sie 11-

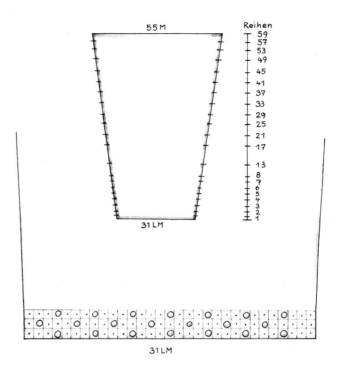

mal. Nach diesen 57 Reihen haben Sie 55 Maschen. Häkeln Sie mit diesen 55 Maschen noch 2 Reihen feste Maschen und schon ist Ihr Ärmel fertig.

Auf einem Bein steht es sich schlecht und mit einem Ärmel ist es etwas kühl, also häkeln Sie noch den zweiten Ärmel, und zwar genauso. Beide Ärmel sind fertig gehäkelt. Falten Sie die Außenseite nach innen und häkeln Sie jeden Ärmel mit festen Maschen zusammen. Beginnen Sie unten an der Stulpe und häkeln Sie zur oberen Kante – aber halt, nicht bis ganz zum Ende. Die letzten ca. 4 cm müssen offen bleiben. Diese werden an die Armausschnitte von Vorder- und Rückenteil genäht.

Aufgesetzte Knopfleiste

Die Knopflochleiste hat am Anfang und Ende in jeder 4. Reihe ein Knopfloch und in der Mitte eine Noppe. Knopfloch und Noppe sind jeweils um 2 Reihen versetzt.

1. Reihe: Häkeln Sie 9 Luftmaschen. Wenden Sie Ihre Arbeit.

2. Reihe: Häkeln Sie 1 Wendeluftmasche und 8 feste Maschen in die Luftmaschen. Wenden Sie Ihre Arbeit.

Bunte Kinderjacke mit Noppen

3. Reihe: Häkeln Sie 1 Wendeluftmasche, 3 feste Maschen, 1 Noppe, 4 feste Maschen. Wenden Sie Ihre Arbeit.

4. Reihe: Häkeln Sie 1 Wendeluftmasche und bis zum Ende der Reihe feste Maschen. Wenden Sie die Arbeit.

5. Reihe: In dieser Reihe häkeln Sie die beiden ersten Knopflöcher. Arbeiten Sie 1 Wendeluftmasche, 1 feste Masche, 1 Luftmasche; mit ihr überspringen Sie 1 feste Masche der Vorreihe (Knopfloch). Häkeln Sie 3 feste Maschen, danach noch einmal 1 Luftmasche; mit ihr überspringen Sie 1 feste Masche der Vorreihe. 2 feste Maschen häkeln und die Arbeit wenden.

6. Reihe: Arbeiten Sie 1 Wendeluftmasche und häkeln Sie feste Maschen auch in die Luftmaschen. Wenden Sie die Arbeit.

7.–30. Reihe: Wiederholen Sie die Reihen 3–6 noch 6-mal. Sie haben nun in den Reihen 5, 9, 13, 17, 21, 25 und 29 jeweils 2 Knopflöcher gearbeitet.

31. Reihe: Häkeln Sie 1 Wendeluftmasche, 3 feste Maschen,

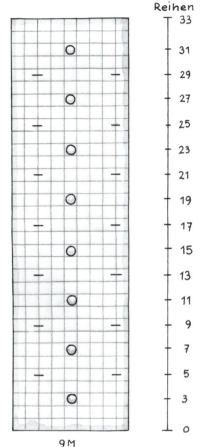

1 Noppe und 4 feste Maschen. Wenden Sie die Arbeit.

32. und 33. Reihe: Häkeln Sie am Anfang der Reihen Wendeluftmaschen und bis zum Ende feste Maschen. Fertig ist die Knopflochleiste.

Fertigstellung

Die Fäden, die sie noch nicht verhäkelt haben (siehe Seite 13), werden nun vernäht (siehe Seite 12). Sie haben die Jacke an den Schultern bereits zusammengehäkelt. Auch die beiden Ärmel sind schon zusammengehäkelt. Stecken Sie jetzt die beiden Ärmel mit Stecknadeln an den Armausschnitten fest. In die 4 Maschen, die den Armausschnitt formen, passt genau das Stück, das am Ärmel offen gelassen wurde. Häkeln Sie die Ärmel an die Jacke. Nähen Sie die Knöpfe an.

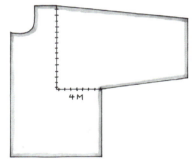

Tipp

Stecken Sie jeweils dort, wo sich die Knopflöcher der aufgesetzten Knopflochleiste befinden, eine Stecknadel in die Vorderteile. So können Sie genau erkennen, wo der Knopf angenäht werden muss.

Bunte Kinderjacke mit Noppen

Blauer Damenpullover

Größe
36–38 (40–42/44–46)

Material:
Wolle für die Nadelstärke 4–5 in Blau gemustert, 750 (800) g

(z. B. Two in One, Farbe Ondé Horizont Nr. 53, von Schachenmayr)

Häkelnadel Nr. 6

Sticknadel ohne Spitze

10 Knöpfe

passendes Nähgarn

Nähnadel

2 Stecknadeln

Dieser Pulli ist ein wahrer „Entspannungspullover". Ich stelle mir vor, Sie haben einen harten Tag hinter sich, mussten sich um vieles kümmern, hatten vielleicht Kontakt mit einigen schlecht gelaunten Menschen und freuen sich auf einen gemütlichen Abend zu Hause. Was Sie sich nun sicher nicht wünschen, ist eine komplizierte Handarbeit. Dieser Pullover ist jedoch genau das Richtige für Sie! Sie häkeln eine feste Masche nach der anderen, hören dabei vielleicht schöne Musik und die Welt ist wieder in Ordnung.

Rückenteil

1. Häkeln Sie 60 (64/68) Luftmaschen (siehe Seite 6) und 1 Wendeluftmasche (siehe Seite 6 unten). Häkeln Sie in jede Luftmasche 1 feste Masche (siehe Seite 7), d. h. Sie arbeiten 59 (63/67) feste Maschen, da ja auf der 1. Masche die Wendeluftmasche „sitzt". Häkeln Sie auf diese Weise 56 (58/58) Reihen; das entspricht einer Höhe von 37 (38/38) cm.

2. Hier beginnt der Armausschnitt. Häkeln Sie bis fast zum Ende der nächsten Reihe. Hören Sie 8 Maschen vor dem Ende auf, häkeln Sie 1 Wendeluftmasche und wenden Sie Ihre Arbeit. Arbeiten Sie weiter feste Maschen und hören Sie auch hier 8 Maschen vor dem Ende auf. Schon haben Sie die beiden Armausschnitte gearbeitet.

3. Häkeln Sie mit den verbliebenen 44 (48/52) festen Maschen weiter. Nach (38/40) Reihen oder einer Armausschnitthöhe von 22 (23/24) cm und einer Gesamtlänge von 92 (96/98) Reihen oder 59 (61/62) cm ist Ihr Rückenteil beendet.

Tipp

Ist ein Knäuel zu Ende, beginnen Sie mit einem neuen Knäuel und verhäkeln den Faden (siehe Seite 13). Beginnen Sie mit dem neuen Faden möglichst am Rand der Arbeit, damit man den eingehäkelten oder vernähten Faden später nicht sieht.

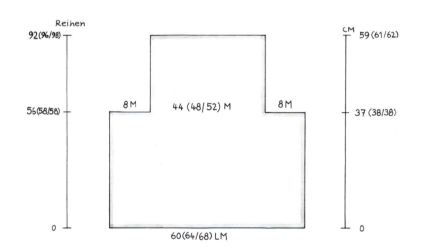

Vorderteil

1. Häkeln Sie zuerst wie beim Rückenteil. Nach 80 (81/82) Reihen oder 50 (52/53) cm beginnt die Arbeit für den Halsausschnitt. Häkeln Sie 1 Wendeluftmasche und 13 (15/17) feste Maschen. Vergessen Sie erst einmal die restlichen 30 (34/38) Maschen. Wenden Sie die Arbeit und häkeln Sie weiter mit 1 Wendeluftmasche und 13 (15/17) festen Maschen. Nach 12 Reihen oder 9 cm ist die eine Seite des Halsausschnitts fertig gestellt.

2. Die mittleren 16 Maschen bleiben unbehäkelt. Häkeln Sie die zweite Seite Ihres Halsausschnittes wie die erste. Ihr Vorderteil ist beendet.

3. Ich häkle schon jetzt gerne die Teile zusammen. Dann kann ich den Pullover ohne Ärmel schon einmal anprobieren. Aber im Grunde ist es gleichgültig, wann Sie das Ganze zusammenfügen.

In jedem Fall sollten Sie die Schulternähte mit festen Maschen zusammenhäkeln und die Seitennähte mit dem Matratzenstich (siehe Seite 13 unten) schließen. Haben Sie eine dünne Wolle gewählt, können Sie die Seitennähte ebenfalls zusammenhäkeln. Bei diesem Modell, das mit dicker Wolle gehäkelt wurde, würden die Nähte jedoch zu dick und der ganze Pullover etwas unförmig ausfallen.

Kragen

1. Wenn Sie Vorder- und Rückenteil zusammengehäkelt haben, können Sie den Kragen anhäkeln. Jetzt ist das Häkelstück noch relativ klein und handlich und der Kragen lässt sich leicht anhäkeln. Sie arbeiten den Kragen, indem Sie auf der Innenseite des Halsausschnitts mit festen Maschen häkeln. Beginnen Sie in der linken vorderen Ecke. Häkeln Sie 1 Wendeluftmasche und dann weiter mit festen Maschen um eine Seite des Ausschnitts, den rückwärtigen Teil und die zweite Seite des Ausschnitts. Der vordere Teil des Halsausschnitts bleibt unbehäkelt.

2. Häkeln Sie nun mit festen Maschen immer hin und her. Die Länge des Kragens bestimmen Sie. Nach ungefähr 4 cm erhalten Sie einen hübschen Stehkragen. Auch ein höherer Kragen kann sehr schick aussehen. Der Kragen meines Pullovers ist 10 cm hoch. Gefällt Ihnen Ihre Kragenlänge, dann ziehen Sie den Faden durch die letzte Masche und vernähen ihn.

3. Wenn Sie den Kragen mit einer besonders schönen Ab-

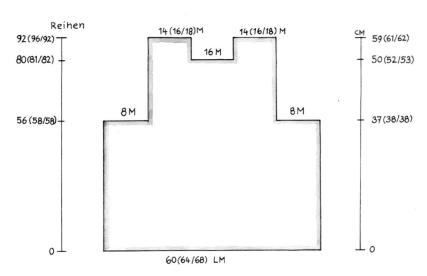

Blauer Damenpullover

schlusskante versehen wollen, beginnen Sie mit einem neuen Faden und häkeln mit festen Maschen einmal um den gesamten Kragen herum, also auch über die Seitenkanten.

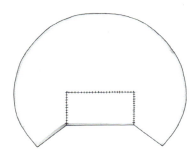

Tipp
Zählen Sie die Maschen an den Seiten des Halsausschnitts, damit Sie sichergehen können, dass beide Seiten dieselbe Maschenzahl aufweisen.

Ärmel

1. Ich habe die Ärmel vom oberen Ende nach unten gehäkelt. Häkeln Sie 56 (58/60) Luftmaschen; das entspricht einer Ärmelbreite von 44 (46/48) cm. Wenden Sie die Arbeit. Häkeln Sie 1 Wendeluftmasche und arbeiten Sie mit festen Maschen ohne Zu- oder Abnahme weiter.

2. Sie haben nun die Möglichkeit, ganz gerade Ärmel zu arbeiten. In diesem Fall häkeln Sie so weiter, bis Ihr Ärmel eine Länge von 50 (52/52) cm erreicht hat. Sie können auch noch etwa 5 cm weiterhäkeln und haben dann einen geraden Ärmel mit einem sehr schicken Aufschlag gearbeitet.

3. Eine weitere Variation: Lassen Sie den Ärmel nach unten etwas schmaler werden. Häkeln Sie mit den 56 (58/60) Maschen 18 (20/22) Reihen oder 11 (12/13) cm gerade hoch und beginnen Sie dann mit der Abnahme.

4. Häkeln Sie feste Maschen und hören Sie einfach 1 Masche vor dem Ende auf. Arbeiten Sie 1 Wendeluftmasche und häkeln Sie zurück zur anderen Seite. Hören Sie wieder 1 Masche vor dem Ende der Reihe auf. Diese beiden Abnahmen wiederholen Sie in jeder 4. Reihe.

5. Wenn Sie 58 (60/62) Reihen oder 36 (38/40) cm gehäkelt und auf 36 (38/40) Maschen bzw. eine Breite von 28 (30/32) cm abgenommen haben, häkeln Sie ohne Abnahme noch 13 cm gerade weiter.

6. Der Ärmel ist fertig gehäkelt. Ziehen Sie den Faden durch die letzte Masche und lassen Sie einen Faden in Ärmellänge hängen. Nähen Sie den Ärmel mit diesem Faden mit Matratzenstich (siehe Seite 13 unten) zusammen. Lassen Sie dabei am oberen Ende etwa 8 cm offen. Die offen gelassenen Seiten werden am Armausschnitt des Pullovers festgenäht (siehe Zeichnung bei der Kinderjacke auf Seite 34). Häkeln Sie den zweiten Ärmel genauso.

Manschette

1. Und hier die raffiniertere Variante: der Ärmel mit Manschette. Sie häkeln wie oben beschrieben. Beenden Sie die Ärmel nach 58 (60/62) Reihen.

2. Nachdem Sie die Ärmel mit Matratzenstich geschlossen haben, häkeln Sie am unteren Ende, in die letzte Reihe jedes Ärmels, 1 Runde feste Maschen. Dabei nehmen Sie 6 Maschen verteilt ab (siehe Seite 12). Häkeln Sie die 5. und 6., die 11. und 12., die 17. und 18., die 23. und 24., die 29. und 30. sowie die 35. und 36. Masche zusammen. Am Ende der Runde haben Sie noch 30 (32/34) Maschen.

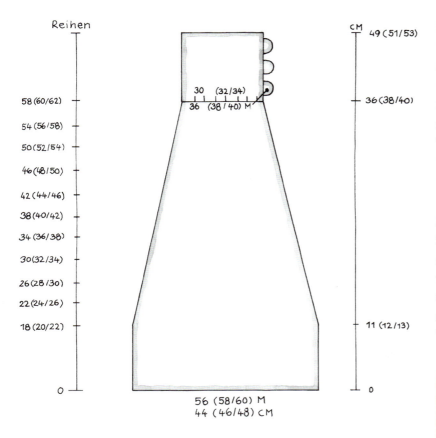

5. Häkeln Sie am Schlitz an der Unterseite 3 Reihen feste Maschen. Danach arbeiten Sie die Knopfschlingen. Häkeln Sie 2 feste Maschen und 2 Luftmaschen über 2 feste Maschen der Vorreihe. Zählen Sie Ihre festen Maschen und teilen Sie die Maschen ein. Beginnen Sie mit 1 Wendeluftmasche und 1 oder 2 festen Maschen und enden Sie mit 1 oder 2 festen Maschen. Schon ist die Manschette mit Schlitz beendet. Nähen Sie die Knöpfe an die Manschetten und fertig ist Ihr Traumpullover.

Tipp

Falls Sie sehr kleine Knöpfe für die Manschetten ausgesucht haben, häkeln Sie nur 1 Luftmasche.

3. Jetzt häkeln Sie in die Gegenrichtung. Legen Sie die Ärmel so vor sich, dass die Naht hinten in der Mitte liegt. Um den Schlitz der Manschette zu markieren, stecken Sie eine Stecknadel am linken Ärmel an die linke Seite und am rechten Ärmel an die rechte Seite.

4. Häkeln Sie 1 Wendeluftmasche und in jede feste Masche der Vorreihe 1 feste Masche bis zur Stecknadel. Hier wenden Sie die Arbeit, arbeiten 1 Wendeluftmasche und häkeln zurück, bis Sie wieder an der Stelle, an der Sie gewendet haben, angekommen sind. Häkeln Sie weiter in Reihen, ohne Ab- oder Zunahme. Die Manschette ist 13 cm lang. Natürlich können Sie sie ganz nach Ihrem Geschmack länger oder kürzer häkeln.

Blauer Damenpullover 39

Weißer Herrenpullover

Größe
50–52

Material:
Wolle für die Nadelstärke 6–7 in Weiß, 750 (800) g

(z. B. Boston, Farbe Weiß Nr. 02, von Schachenmayr)

Häkelnadel Nr. 6

Häkelnadel Nr. 7

Sticknadel ohne Spitze

Diesen Pullover zu häkeln ist ein wahrer Genuss. Sie arbeiten nur mit hinten eingestochenen festen Maschen und stricken von einem Handgelenk zum anderen.
Allerdings müssen Sie beim Zusammenhäkeln von Vorder- und Rückenteil darauf achten, dass „Talreihe" auf „Talreihe" und „Bergreihe" auf „Bergreihe" trifft.

1. Sie beginnen mit dem Ärmelbündchen und der Häkelnadel Stärke 6. Häkeln

Sie 30 Luftmaschen und 1 Wendeluftmasche (siehe Seite 6). Häkeln Sie in jede Luftmasche 1 feste Masche (siehe Seite 7), also insgesamt 29 feste Maschen, da

auf der 1. Luftmasche die Wendeluftmasche „sitzt". Häkeln Sie so 8 Reihen.

2. Wechseln Sie zu der Häkelnadel Stärke 7 und häkeln Sie damit das eigentliche Muster. Hierbei handelt es sich auch nur um feste Maschen, die aber nur in das hintere Maschenglied der Vorreihenmasche eingestochen werden (siehe Seite 8 oben). Arbeiten Sie 2 Reihen in dieser „neuen" Häkeltechnik.

3. Am Anfang und Ende der 3. Reihe nehmen Sie je 1 Masche zu (siehe Seite 11).
Die 4. Reihe häkeln Sie ohne Zunahme. In den ungeraden Reihen, also der 5., 7., 9., 11., 13., 15., 17., 19., 21. und 23. Reihe, nehmen Sie am Anfang und Ende 1 Masche zu. In den geraden Reihen, also der 6., 8., 10., 12., 14., 16., 18., 20., 22. und 24. Reihe, häkeln Sie ohne Zunahme.

4. In der 24. Reihe haben Sie 22 Maschen zugenommen und eine Gesamtmaschenzahl von 52 erreicht. Ihr Ärmel ist nun schon recht weit und Sie nehmen jetzt langsamer zu, nämlich in der 29., 35., 41. und 47. Reihe, jeweils am Anfang und

Ende der Reihe 1 Masche. Die Reihen dazwischen häkeln Sie ohne Zunahme. Sie beenden den Ärmel mit 60 Maschen.

5. Jetzt häkeln Sie Vorder- und Rückenteil an Ihren Ärmel an. Das klingt kompliziert, ist aber ganz einfach. Häkeln Sie einfach am Ende Ihres Ärmels 32 Luftmaschen. Das ist schon der Anfang Ihres Vorderteils. Wenden Sie Ihre Arbeit, häkeln Sie 1 Wendeluftmasche und in jede Luftmasche 1 feste Masche. Dann arbeiten Sie die Maschen des Ärmels und noch einmal 32 Luftmaschen. Das ist der Anfang Ihres Rückenteils. Wenden Sie Ihre Arbeit, häkeln Sie 1 Wendeluftmasche und arbeiten Sie in die 31 Luftmaschen wieder feste Maschen.

6. Sie haben 124 Maschen. Beim Häkeln müssen Sie sich jedoch nicht besonders konzentrieren. Reden und zuhören können Sie dabei ganz wunderbar, denn nach so vielen hinten eingestochenen festen Maschen haben Ihre Hände Übung und erledigen das von ganz alleine! Nach 24 dieser langen Reihen passiert wieder einmal etwas Neues: Sie kommen am Halsausschnitt an. Ich häkle

immer zuerst den hinteren Ausschnitt, da er ganz gerade verläuft und ich mich beim vorderen Ausschnitt anschließend gut danach richten kann.

7. Der hintere Halsausschnitt entsteht einfach dadurch, dass Sie Ihre Arbeit in der oberen Mitte teilen: 124 Maschen : 2 = 62 Maschen. Mit diesen häkeln Sie nun 22 Reihen und der hintere Ausschnitt ist fertig.

8. Sie häkeln nun den vorderen Ausschnitt. Für diesen nehmen Sie an beiden Seiten 1 x 6 und 3 x 1 Masche ab. Sie beginnen unten am Bund. Häkeln Sie in Richtung Halsausschnitt 56 Maschen. Wenden Sie die Arbeit, arbeiten Sie 1 Wendeluftmasche und häkeln Sie zum unteren Teil des Pullovers zurück. Achten Sie darauf, dass die „Berg- und Talreihen" genauso ausfallen wie am Rückenteil. Wenden Sie die Arbeit.

9. Arbeiten Sie 1 Wendeluftmasche und häkeln Sie zurück zum Halsausschnitt 55 Maschen. Arbeit wenden, 1 Wendeluftmasche und mit festen Maschen zurück zum Bund häkeln. Arbeit wenden. 1 Wendeluftmasche arbeiten. Häkeln

Sie zurück zum Halsausschnitt 54 Maschen. Arbeit wenden. 1 Wendeluftmasche und mit festen Maschen zurück zum Bund häkeln. Arbeit wenden. 1 Wendeluftmasche arbeiten und zurück zum Halsausschnitt 53 Maschen häkeln. Arbeit wenden. 1 Wendeluftmasche und zurück zum Bund häkeln.

10. Häkeln Sie ohne weitere Abnahmen 6 Reihen. In der 15. Reihe häkeln Sie vom Bund zum Halsausschnitt und nehmen jetzt Maschen zu. Häkeln Sie in die 53. Masche 2 feste Maschen = 54 Maschen. Wenden Sie Ihre Arbeit. Häkeln Sie 1 Wendeluftmasche und häkeln Sie alle Maschen bis zum Bund.

11. Arbeit wenden. 1 Wendeluftmasche arbeiten. Häkeln Sie in die 54. Masche 2 feste Maschen = 55 Maschen. Wenden Sie Ihre Arbeit. Häkeln Sie 1 Wendeluftmasche und alle Maschen bis zum Bund. Arbeit wenden. Häkeln Sie 1 Wendeluftmasche und arbeiten Sie in die 55. Masche 2 feste Maschen = 56 Maschen. Wenden Sie Ihre Arbeit. Häkeln Sie 1 Wendeluftmasche und arbeiten Sie alle Maschen bis zum Bund. Arbeit wenden.

12. Arbeiten Sie 1 Wendeluftmasche und häkeln Sie wieder in Richtung Halsausschnitt 56 Maschen sowie 6 Luftmaschen. Arbeit wenden. Häkeln Sie 1 Wendeluftmasche und in die 6 Luftmaschen je 1 feste Masche. Sie haben jetzt wieder 62 Maschen. Der vordere Halsausschnitt ist fertig.

13. Häkeln Sie nun an der Schulter Vorder- und Rückenteil wieder zusammen. Das ist etwas knifflig, denn es ist wichtig, dass die „Berg- und Talreihen" zusammenpassen. Legen Sie den Pullover ausgebreitet vor sich auf einen Tisch. Schauen Sie sich Vorder- und Rückenteil an. Prüfen Sie, ob die gleichen „Berg- und Talreihen" aneinander stoßen. Ist dies der Fall, dann können Sie den Faden abschneiden und durch die letzte Masche ziehen. Stößt eine „Bergreihe" an eine „Talreihe", häkeln Sie noch 1 weitere Reihe.

14. Sie haben nun wieder 124 Maschen und häkeln jetzt „spiegelverkehrt". Nach 24 Reihen sind Vorder- und Rückenteil beendet. Häkeln Sie 92 Maschen und lassen Sie die restlichen 32 Maschen einfach liegen. Wenden Sie die Arbeit, häkeln Sie 1 Wendeluftmasche, arbeiten Sie 59 Maschen und lassen Sie wieder 32 Maschen unbehäkelt. Übrig bleiben die 60 Maschen für den Ärmel.

15. Sie häkeln 6 Reihen ohne Abnahme und nehmen dann am Anfang und am Ende der Reihe 1 Masche ab (siehe Seite 11 unten) = 58 Maschen. Nehmen Sie im Folgenden noch dreimal in jeder 6. Reihe am Anfang und Ende der Reihe 1 Masche ab, bis Sie eine Maschenzahl von 52 Maschen erreicht haben. Dann nehmen Sie in jeder 2. Reihe am Anfang und am Ende der Reihe 1 Masche ab.

16. Haben Sie eine Maschenzahl von 30 Maschen erreicht, arbeiten Sie noch 2 Reihen ohne Abnahmen. Sie sind nun wieder am Ärmelbund angekommen. Häkeln Sie 8 Reihen mit 30 Maschen und der Häkelnadel Stärke 6. Sie arbeiten jetzt wieder normale feste Maschen und stechen durch die gesamte Masche der Vorreihe.

17. Wenn Sie die letzte Masche des Bündchens gehäkelt haben, schneiden Sie den Faden nicht ab. Legen Sie Außenseite auf

Außenseite, damit Sie die Seitennähte auf der Innenseite schließen können. Häkeln Sie mit Ihrem Faden zuerst das Ärmelbündchen mit festen Maschen zusammen, dann den Ärmel und zum Schluss Vorder- und Rückenteil.

18. Die zweite Seite des Pullovers schließen Sie genauso. Leider müssen Sie hier mit einem neuen Faden arbeiten. Aber Sie können sich einmal das Vernähen des Fadens ersparen, wenn Sie den Anfangsfaden verhäkeln (siehe Seite 13). Ihr Pullover ist fast fertig. Jetzt häkeln Sie noch den Bund und das Halsbündchen an.

Taillenbund

1. Den Taillenbund häkeln Sie mit der Häkelnadel Stärke 6 und festen Maschen in alle Reihen des Vorder- und Rückenteils. Häkeln Sie 135 Maschen. Damit der Bund etwas schmaler wird, nehmen Sie nun ab. Maschen Sie die 8. und 9., 17. und 18., 26. und 27., 35. und 36., 44. und 45., 53. und 54., 62. und 63., 71. und 72., 80. und 81., 89. und 90., 98. und 99., 107. und 108., 116. und 117., 125. und 126. sowie die 134. und 135. Masche zusammen ab (siehe Seite 12 oben).

Am Ende der Runde haben Sie noch 120 Maschen.

2. Häkeln Sie nun in die Gegenrichtung, also nicht weiter in der Runde. Wenn Sie in Runden häkeln, sehen die Maschen anders aus als an den Ärmelbündchen. Häkeln Sie 3 Reihen feste Maschen. Jetzt folgt die letzte Reihe. Hier nehmen Sie noch einmal ab, damit der Bund unten eng anliegt. Maschen Sie die 10. und 11., 20 und 21., 30. und 31., 40. und 41., 50. und 51., 60. und 61., 70. und 71., 80. und 81., 90. und 91., 100. und 101., 110. und 111. sowie die 119. und 120. Masche zusammen ab. Der Bund Ihres Pullovers ist fertig.

Halsbund und Fertigstellung

Häkeln Sie einmal mit festen Maschen und der Häkelnadel Stärke 6 um den Halsausschnitt herum. Danach arbeiten Sie in Gegenrichtung mit der Häkelnadel Stärke 7. Häkeln Sie noch einmal in Gegenrichtung und Ihre Halseinfassung ist fertig. Den Faden abschneiden, durch die letzte Masche ziehen, den kleinen Schlitz zunähen und den Faden vernähen. Zum Schluss die restlichen Fäden vernähen und Ihr Prachtstück von Pullover ist fertig.

Weißer Herrenpullover 43

Poncho

Größe
36–42

Material:
Wolle für die Nadelstärke 6–7,
200 g in Blau und je 150 g in
Grün, Pink, Rot, Orange und Gelb
(z. B. Rosato, Farbe Ultramarin
Nr. 51, Farbe Golfgrün Nr. 70,
Farbe Pink Nr. 36, Farbe Rot
Nr. 30, Farbe Lachs Nr. 37 und
Farbe Sonne Nr. 22, von Scha-
chenmayr)

Häkelnadel Nr. 6

Sticknadel ohne Spitze

18 Knöpfe

Nähnadel

Nähgarn in Blau

Taschenbuch oder Frühstücksbrettchen

Farbfolge
Blau, Grün, Pink, Rot, Gelb,
Orange

Diesen Poncho können Sie natürlich auch in ganz anderen
Farben häkeln, z. B. als Abend-
cape in Schwarz und Silber
oder in Naturweiß mit Gold.
Ihrer Fantasie sind keine Gren-
zen gesetzt!

1. Der Poncho ist mit Luftmaschen (siehe Seite 6), festen
Maschen (siehe Seite 7), hinten

eingestochenen festen Ma-
schen (siehe Seite 8 oben),
Stäbchen (siehe Seite 10) und
verkürzten Reihen (siehe Seite
14) gehäkelt. Die Stäbchen
ersetzen die Knopflöcher.

2. Beginnen Sie mit der blauen
Wolle. Häkeln Sie 90 Luftmaschen und 1 Wendeluftmasche,
wenden Sie Ihre Arbeit und häkeln Sie 89 feste Maschen in die
Luftmaschen. Wenden Sie die
Arbeit, arbeiten Sie 1 Wendeluftmasche und häkeln Sie die
Reihe mit festen Maschen zurück. Arbeit wenden.

3. Häkeln Sie 3 Wendeluftmaschen und 89 Stäbchen. Wenden Sie die Arbeit. Häkeln Sie
1 Wendeluftmasche und mit
festen Maschen zurück bis zum
unteren Ende. Jetzt beginnen
Sie mit verkürzten Reihen zu
häkeln und mit hinten eingestochenen festen Maschen. Häkeln
Sie 1 Wendeluftmasche und
69 Maschen. Wenden Sie die
Arbeit, häkeln Sie 1 Wendeluftmasche und 69 Maschen.

4. Am unteren Ende angekommen, wechseln Sie zum grünen
Garn.
Reihe A: Häkeln Sie 1 Wendeluftmasche und 89 Maschen.

Wenden Sie die Arbeit.
Reihe B: Häkeln Sie 1 Wende-
luftmasche und 89 Maschen.
Wenden Sie die Arbeit.
Reihe C: Häkeln Sie 1 Wende-
luftmasche und 69 Maschen.
Wenden Sie die Arbeit.
Reihe D: Häkeln Sie 1 Wende-
luftmasche und 69 Maschen.
Wenden Sie die Arbeit.
Diese 4 Reihen wiederholen Sie
nun fortlaufend. Häkeln Sie die
4 Reihen jeweils in Pink, Rot,
Gelb, Orange und Grün.

Tipp

Wenn Sie am Anfang und am
Ende der Reihe beim Farb-
wechsel immer einen etwa
10 cm langen Faden hängen
lassen, müssen Sie diesen
Faden nicht vernähen, denn
er bildet schon einen Teil der
Fransen. Verknoten Sie beim
Farbwechsel den Endfaden
mit dem Anfangsfaden.

5. Anschließend häkeln Sie den
Schlitz für die Arme in Blau. Sie
beginnen unten am Poncho und
häkeln eine lange Reihe. Oben
angekommen, wenden Sie die
Arbeit und häkeln zurück. Arbeiten Sie 30 Maschen, dann
35 Luftmaschen für den Schlitz
und noch einmal 25 Maschen

bis zum Ende der Reihe. Die nächste Reihe ist wieder eine verkürzte Reihe und Sie häkeln in die hinten eingestochenen festen Maschen und in die Luftmaschen feste Maschen. Zurück mit der Reihe D.

6. Sie haben den ersten Armeinschnitt gehäkelt und arbeiten nun weiter in der Farbfolge und mit den Reihen A, B, C und D. Nach 47 Streifen sind Sie am zweiten Schlitz angekommen. Häkeln Sie mit der blauen Wolle den 48. Streifen und den Schlitz genauso wie beim ersten Armschlitz beschrieben.

7. Häkeln Sie noch einmal je einen Streifen in Grün, Pink, Rot, Gelb, Orange und Grün. Zum Abschluss arbeiten Sie mit der blauen Wolle 1 Wendeluftmasche und 89 feste Maschen. Wenden Sie die Arbeit, arbeiten Sie 1 Wendeluftmasche und häkeln Sie die Reihe zurück. Wenden Sie Ihre Arbeit, häkeln Sie 3 Wendeluftmaschen und 89 Stäbchen. Wenden Sie die Arbeit. Häkeln Sie 1 Wendeluftmasche und 1 Reihe feste Maschen.

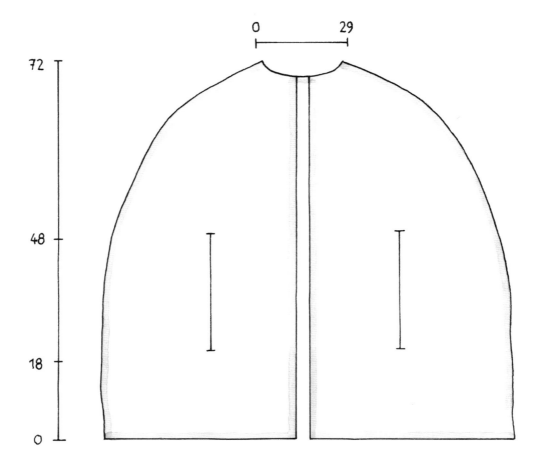

46 Poncho

Halsbund

Sie haben den Körper Ihres Ponchos fertig gehäkelt, aber der Hals ist noch viel zu weit. Damit das Halsbündchen recht fest wird, häkeln Sie es mit festen Maschen. In der 3. Reihe häkeln Sie 2 Luftmaschen für das Knopfloch.

1. Reihe: Häkeln Sie mit Blau feste Maschen rund um den gesamten Halsausschnitt 144 Maschen.

2. Reihe: Häkeln Sie 8 feste Maschen für die Leiste in die festen Maschen der Vorreihe. Maschen Sie nun immer 2 Maschen zusammen ab (siehe Seite 12 oben). Die letzten 8 Maschen für die zweite Leiste häkeln Sie wieder Masche für Masche. Am Ende der Reihe haben Sie noch 64 Maschen.

3. Reihe: Nun folgt das Knopfloch. (Wenn der Poncho vor Ihnen liegt, ist die Knopflochleiste die linke Leiste.) Häkeln Sie 1 Wendeluftmasche, 2 feste Maschen, 2 Luftmaschen und 3 feste Maschen. Dann weiter wie die 2. Reihe.

4., 5. und 6. Reihe: Häkeln Sie in jede Masche der Vorreihe 1 feste Masche.

Damit Sie die Kapuze (siehe Seite 54) anknöpfen können, nähen Sie um den Ausschnitt herum sehr viele Knöpfe an. Da die Knöpfe wie ein Schmuck wirken, sieht das auch schön aus, wenn die Kapuze nicht angeknöpft ist. Beginnen Sie vorne an der Knopfleiste. Nähen Sie den ersten Knopf so an, dass er genau durch das Knopfloch im Halsbund passt. Alle anderen Knöpfe nähen Sie jeweils im Abstand von 2 cm an. Markieren Sie die Stellen zuvor mit Stecknadeln.

Fransen

Am unteren Ende des Ponchos hängen bereits Anfangs- und Endfäden, die Sie beim Farbwechsel verknotet haben. Jetzt kommen weitere hinzu. Umwickeln Sie ein Taschenbuch oder Frühstücksbrettchen mit Ihren Wollresten. Legen Sie das Ganze auf den Tisch und schneiden Sie die Wolle an einer Seite auf. So erhalten Sie gleich lange Fäden, die Sie anschließend in der Mitte falten. An der Knickstelle hängen Sie die Fäden über das Häkchen der Häkelnadel und ziehen es durch 1 Masche am unteren Ende des Ponchos. Verknoten Sie den Faden.

Dies wiederholen Sie so oft, bis Sie den Poncho am gesamten unteren Rand mit vielen Fransen versehen haben.

Mützen

Die Mützen und Kappen in diesem Buch sind fast alle nach dem gleichen Schema gehäkelt. Eine Ausnahme bildet die weiße Herrenmütze auf Seite 53. Alle anderen Mützen werden oben in der Mitte des Kopfes begonnen. Bei den einzelnen Anleitungen gebe ich Ihnen jeweils an, wie viele Runden Sie im Grundmuster häkeln müssen.

Grundmuster Mützen

Häkeln Sie 4 Luftmaschen (siehe Seite 6) und schließen Sie sie mit 1 Kettmasche (siehe Seite 8) zu einem Ring. Häkeln Sie diese Luftmaschen recht locker, da Sie in der nächsten Runde immer 2 feste Maschen in 1 Luftmasche häkeln.

1. Runde: Häkeln Sie 2 feste Maschen in jede der Luftmaschen. Am Ende sind es 8 Maschen in der Runde.

2. Runde: Häkeln Sie in jede der festen Maschen 2 feste Maschen. Sie haben 16 Maschen am Ende der Runde.

3. Runde: Häkeln Sie in die 1. feste Masche 1 feste Masche, in die 2. feste Masche 2 feste Maschen. Bis zum Rundenende wiederholen. Sie haben jetzt 24 Maschen.

4. Runde: Häkeln Sie in die 1. und in die 2. feste Masche jeweils 1 feste Masche. In die 3. feste Masche häkeln Sie 2 feste Maschen. Bis zum Rundenende wiederholen. Am Ende der Runde sind es 32 Maschen.

5. Runde: Häkeln Sie in die 1., 2. und 3. feste Masche jeweils 1 feste Masche. In die 4. feste Masche häkeln Sie 2 feste Maschen. Wiederholen Sie dies bis zum Rundenende. Sie haben 40 Maschen.

6. Runde: Häkeln Sie in die 1., 2., 3. und 4. feste Masche jeweils 1 feste Masche. In die 5. feste Masche häkeln Sie 2 feste Maschen. Bis zum Rundenende wiederholen. Am Ende der Runde sind es 48 Maschen.

7. Runde: Häkeln Sie in die 1., 2., 3., 4. und 5. feste Masche jeweils 1 feste Masche. In die 6. feste Masche häkeln Sie 2 feste Maschen. Bis zum Rundenende wiederholen. Am Ende der Runde haben Sie 56 Maschen.

8. Runde: Häkeln Sie in die 1., 2., 3., 4., 5. und 6. feste Masche jeweils 1 feste Masche, in die 7. feste Masche 2 feste Maschen. Bis zum Rundenende wiederholen. 64 Maschen.

9. Runde: Häkeln Sie in die 1., 2., 3., 4., 5., 6. und 7. feste Masche jeweils 1 feste Masche. In die 8. feste Masche häkeln Sie 2 feste Maschen. Bis zum Rundenende wiederholen. Am Ende der Runde haben Sie 72 Maschen.

10. Runde: Häkeln Sie in die 1., 2., 3., 4., 5., 6., 7. und 8. feste Masche jeweils 1 feste Masche. In die 9. feste Masche häkeln Sie 2 feste Maschen. Bis zum Rundenende wiederholen. Am Ende der Runde sind es 80 Maschen.

11. Runde: Häkeln Sie in die 1., 2., 3., 4., 5., 6., 7., 8. und 9. feste Masche jeweils 1 feste Masche. In die 10. feste Masche häkeln Sie 2 feste Maschen. Bis zum Rundenende wiederholen. Sie haben jetzt 88 Maschen.

12. Runde: Häkeln Sie in die 1., 2., 3., 4., 5., 6., 7., 8., 9. und 10. feste Masche jeweils 1 feste Masche. In die 11. feste Masche häkeln Sie 2 feste Maschen. Bis zum Rundenende wiederholen. Sie haben jetzt 96 Maschen. Natürlich können Sie noch beliebig oft zunehmen, um eine noch größere Maschenzahl und damit auch einen größeren Kopfumfang zu erreichen.

Blaues Barett

Größe
Kopfumfang ca. 56–58 cm

Material:
Wolle für die Nadelstärke 4–5 in Blau meliert, 100 g
(z. B. Two in One, Farbe Ondé Horizont Nr. 53, von Schachenmayr)

Häkelnadel Nr. 6

Sticknadel ohne Spitze

Das Barett können Sie ganz nach Ihren Wünschen größer oder kleiner häkeln. Wie Sie es tragen wollen – ob in die Stirn, zur Seite oder nach hinten gerückt –, bleibt ebenfalls Ihnen überlassen.

Häkeln Sie nach dem Grundmuster 12 Runden. Allerdings arbeiten Sie nicht mit festen Maschen, sondern mit halben Stäbchen (siehe Seite 9). Nach 12 Runden haben Sie 96 Maschen. Mit diesen 96 Maschen häkeln Sie 3 Runden ohne Zu- oder Abnahme. Anschließend beginnen Sie mit den Abnahmen und häkeln mit festen Maschen (siehe Seite 7).

1. Abnahmerunde: Häkeln Sie 10 feste Maschen und maschen Sie die 11. und 12. Masche zusammen ab (siehe Seite 12 oben). Bis zum Rundenende wiederholen.

2. Runde: Häkeln Sie 9 feste Maschen und maschen Sie die 10. und 11. Masche zusammen ab. Bis zum Rundenende wiederholen.

3. Runde: Häkeln Sie 8 feste Maschen und maschen Sie die 9. und 10. Masche zusammen ab. Bis zum Rundenende wiederholen.

4. Runde: Häkeln Sie 7 feste Maschen und maschen Sie die 8. und 9. Masche zusammen ab. Bis zum Rundenende wiederholen.

5. Runde: Häkeln Sie 6 feste Maschen und maschen Sie die 7. und 8. Masche zusammen ab. Bis zum Rundenende wiederholen.

6. Häkeln Sie 5 feste Maschen und maschen Sie die 6. und 7. Masche zusammen ab. Bis zum Rundenende wiederholen. Nach diesen 6 Runden haben Sie noch 48 Maschen.

Probieren Sie das Barett jetzt einmal auf. Passt es? Ein wenig zu weit?

Dann häkeln Sie einfach noch eine weitere Abnahmerunde. Zu eng? Trennen Sie die letzte Runde einfach wieder auf, und zwar so weit, bis das Barett richtig gut sitzt. Häkeln Sie mit dieser Maschenzahl noch 4 Runden. Vernähen Sie die Fäden und Ihr Barett ist fertig.

Babymützchen

Größe
Kopfumfang ca. 38 cm

Material:
Babywolle für die Nadelstärke 2,5–3, 150 g
(z. B. Regia 4fädig Color, Farbe Candy Color Nr. 5062, von Schachenmayr)

Häkelnadel Nr. 3,5

Sticknadel ohne Spitze

Satinband, ca. 110 cm

Sicherheitsnadel

Dieses Babyhäubchen wird im Fantasiemuster (siehe Seite 15) und mit festen Maschen (siehe Seite 7) gehäkelt. Es sitzt besonders gut am Kopf und die Kinder können den Kopf drehen, ohne es zu verlieren.

1. Das Häubchen wird vom Hinterkopf nach vorne gehäkelt. Sie häkeln in Runden einen ca. 12 cm großen Teller nach dem Grundmuster (siehe Seite 48). Dies entspricht etwa 8 Runden. In der 8. Runde haben Sie auf 64 Maschen zugenommen.

2. Sie beginnen jetzt den oberen und seitlichen Teil des Häubchens zu häkeln. Arbeiten Sie nun im Fantasiemuster und nicht mehr in Runden, sondern in Reihen. Häkeln Sie von nun an immer mit 54 Maschen. 10 feste Maschen des Tellers bleiben unbehäkelt. Sie bilden den Teil, der hinten am Hals sitzt.

3. Sie haben 11 cm im Fantasiemuster gehäkelt und beenden Ihre Arbeit mit der 1. Reihe des Fantasiemusters. Wenn Sie mit dieser Musterreihe mit Stäbchen enden, ergeben sich hübsche kleine Zacken. Anschließend den Faden abschneiden und die Fäden vernähen.

4. Häkeln Sie am unteren Rand 2 Reihen feste Maschen, und zwar über das erste Seitenteil, dann über 10 Maschen des Tellers sowie über das zweite Seitenteil. Sie beginnen auf der Oberseite mit der 1. Reihe und häkeln auf der Innenseite des Häubchens die 2. Reihe.

5. Anschließend arbeiten Sie die Lochreihe für das Bändchen. Häkeln Sie in die 1. feste Masche 3 Wendeluftmaschen und bis zum Ende der Reihe Stäbchen.

6. Arbeit wenden. Auf das 1. Stäbchen häkeln Sie 1 Wendeluftmasche und auf das 2. Stäbchen 1 feste Masche. Danach häkeln Sie weiter mit der 1. Reihe des Fantasiemusters. Den Faden abschneiden und vernähen. Ziehen Sie mit der Sicherheitsnadel das Bändchen durch die Lochreihe und Ihr Häubchen ist fertig!

Bunte Kindermütze mit Noppen

Größe
Kopfumfang ca. 52–54 cm

Material:
Wolle für die Nadelstärke 4–5 in Bunt gemustert, 100 g (z. B. Bravo Color, Farbe Nizza Nr. 90, von Schachenmayr)

Häkelnadel Nr. 4

Sticknadel ohne Spitze

Diese kleine Mütze ist ganz einfach mit festen Maschen (siehe Seite 7) und Stäbchen (siehe Seite 10) zu häkeln. Die Anleitung für die Noppen am Mützenrand finden Sie auf Seite 15 unten.

1. Häkeln Sie im Grundmuster von Seite 48 bis zur 9. Runde. Sie haben auf 72 Maschen zugenommen. Mit diesen 72 Maschen häkeln Sie nun weiter ohne Zunahme. Häkeln Sie 1 Runde Stäbchen und 3 Runden feste Maschen. Wiederholen Sie diese 4 Runden noch 3-mal.

2. Nun folgt die letzte Runde, die Runde mit den Noppen. Da die Noppen auf der Rückseite gehäkelt werden, häkeln Sie jetzt in die Gegenrichtung. Einen kleinen Unterschied gibt es hier zu den Noppen der Kinderjacke von Seite 30: Sie häkeln zwischen den einzelnen Noppen nur 2 feste Maschen und nicht wie bei der Jacke 3 feste Maschen.

3. Vernähen Sie den Anfangs- und den Endfaden und schon ist diese wunderschöne kleine Mütze fertig!

Bunte Kindermütze mit Noppen

Goldene Abendkappe

Größe
Kopfumfang ca. 56 cm

Material:
Wolle für die Nadelstärke 4–5 in Gold, 50 g
(z. B. Starlight, Farbe Gold Nr. 82, von Schachenmayr)

Häkelnadel Nr. 5

Sticknadel ohne Spitze

1. Häkeln Sie nach dem Grundmuster von Seite 48. Einziger Unterschied: Sie häkeln mit Stäbchen, arbeiten 3 Wendeluftmaschen (siehe Seite 6 unten) am Rundenbeginn und schließen die Runden mit 1 Kettmasche (siehe Seite 8), die Sie in die 3. der Wendeluftmaschen häkeln.

2. Häkeln Sie 8 Runden dieser Zunahmereihen. Sie haben nach den Zunahmen 64 Maschen. Schließen Sie die Runde mit 1 Kettmasche. Mit diesen 64 Maschen häkeln Sie jetzt den Lochrand der Kappe.

Randmuster

1. Zu Beginn der neuen Runde häkeln Sie 3 Wendeluftmaschen und 1 Luftmasche. Mit ihr überspringen Sie das Stäbchen der Vorreihe. Häkeln Sie 1 Stäbchen und 1 Luftmasche, mit der Sie wiederum 1 Masche der Vorreihe überspringen. Wiederholen Sie diese beiden Maschen bis zum Ende der Runde. Häkeln Sie 1 Kettmasche in die 3. Wendeluftmasche der Vorreihe.

2. Die nächste Runde häkeln Sie genauso. Auf 1 Stäbchen der Vorreihe häkeln Sie 1 Stäbchen und mit 1 Luftmasche überspringen Sie die Luftmasche der Vorreihe. Wenn Sie die letzte Luftmasche gehäkelt haben, schließen Sie wiederum die Runde mit 1 Kettmasche. Häkeln Sie insgesamt 4 Runden auf diese Weise. Nun fehlt nur noch die Bogenreihe am unteren Rand.

3. Für die kleinen Bogen am unteren Rand häkeln Sie auf jedes Stäbchen 1 feste Masche. Anschließend arbeiten Sie 4 Luftmaschen sowie 1 feste Masche auf das nächste Stäbchen. Diese kleinen Bogen häkeln Sie bis zum Ende der Runde. Schon ist die Kappe fertig!

Tipp

Die Kappe sieht auch sehr hübsch aus, wenn Sie sie mit meliertem, geringeltem oder mehrfarbigem Baumwollgarn häkeln.

Weiße Herrenmütze

Größe
Kopfumfang ca. 58–60 cm

Material:
Wolle für die Nadelstärke 6–7 in Weiß, 100 g
(z. B. Boston, Farbe Weiß Nr. 02, von Schachenmayr)

Häkelnadel Nr. 7

Sticknadel ohne Spitze

Diese Mütze häkeln Sie in einer Stunde. Sie häkeln mit verkürzten Reihen (siehe Seite 14) und hinten eingestochenen festen Maschen (siehe Seite 8 oben). Das Muster ist das gleiche wie beim weißen Herrenpullover auf Seite 40.

1. Häkeln Sie 21 Luftmaschen und 1 Wendeluftmasche (siehe Seite 6). Wenden Sie die Arbeit und häkeln Sie 20 feste Maschen in jede Luftmasche. Ab der nächsten Reihe häkeln Sie die festen Maschen, indem Sie nur noch in das hintere Maschenglied einstechen.

2. In der 1. und 2. Reihe haben Sie 21 Maschen gehäkelt (inklusive Wendeluftmasche). Die 3. Reihe ist eine verkürzte Reihe. Sie häkeln 1 Wendeluftmasche und 14 feste Maschen. Wenden Sie Ihre Arbeit. In der 4. Reihe häkeln Sie wiederum 1 Wendeluftmasche und 14 feste Maschen. In der 5. und 6. Reihe arbeiten Sie wieder 21 Maschen.

3. Diese 4 Reihen wiederholen Sie so oft, bis Sie insgesamt 30 Rippen, also 60 Reihen, gehäkelt haben. Häkeln Sie noch 1 Reihe mit festen Maschen, die Sie aber ganz durch die Masche der Vorreihe hindurchstechen. Sie sind jetzt am unteren Rand der Mütze angelangt. Schließen Sie die Seiten zur Kappe, d. h. Sie häkeln mit festen Maschen die 21 Anfangsluftmaschen und die festen Maschen der letzten Reihe zusammen (siehe Teile zusammenhäkeln auf Seite 13).

4. Oben angekommen häkeln Sie mit festen Maschen einmal um die gesamte Mütze herum. In der nächsten Runde beginnen Sie mit der Abnahme. Maschen Sie immer 2 Maschen zusammen ab (siehe Seite 12). Häkeln Sie weiter in Runden und fahren Sie fort mit den Abnahmen, bis Sie nur noch 4 Maschen übrig haben. Schneiden Sie den Faden ab, ziehen Sie ihn durch die letzte Masche nach innen in die Mütze und vernähen Sie Anfangs- und Endfaden.

Weiße Herrenmütze 53

Kapuze für Poncho & Co.

Material:
Wolle für die Nadelstärke 6–7, je 50 g in Blau, Grün, Pink, Rot, Orange und Gelb
(z. B. Rosato, von Schachenmayr, Farben siehe Seite 44)

Häkelnadel Nr. 6

Sticknadel ohne Spitze

Farbfolge
Blau, Grün, Pink, Rot, Gelb, Orange

Die Kapuze besteht aus zwei Teilen, einem Teil für den Hinterkopf und einem Teil für die Seiten und den Oberkopf. Sie häkeln nur mit hinten eingestochenen festen Maschen (siehe Seite 8 oben). Zuerst häkeln Sie das Teil für den Hinterkopf.

1. Beginnen Sie mit der blauen Wolle. Häkeln Sie 30 Luftmaschen und 1 Wendeluftmasche. Häkeln Sie in jede der 29 Luftmaschen 1 feste Masche. In der 3. und 4. Reihe häkeln Sie 1 Wendeluftmasche und 29 hinten eingestochene feste Maschen.

2. Häkeln Sie die nächsten 4 Reihen mit der grünen Wolle und arbeiten Sie jeweils 1 Wendeluftmasche und 29 hinten eingestochene feste Maschen. Häkeln Sie weiter jeweils 4 Reihen in Pink, Rot, Gelb, noch einmal in Grün und in Pink. Die letzten 4 Reihen arbeiten Sie in Blau und nehmen dabei jeweils 4 Maschen ab, indem Sie jeweils die letzten 4 Maschen nicht häkeln. Ihr hinteres Kopfteil ist beendet und Sie haben am oberen Rand noch 14 Maschen.

3. Häkeln Sie einmal mit festen Maschen und der blauen Wolle um das gesamte Teil herum = 82 Maschen. Arbeiten Sie nun wieder mit hinten eingestochenen festen Maschen weiter in Streifen aus jeweils 4 Reihen. Häkeln Sie gemäß Farbfolge, beginnen Sie mit Grün und enden Sie mit Blau. Damit Sie einen hübschen Rand zum Umschlagen erhalten, häkeln Sie 2 weitere Reihen in Blau, also insgesamt 6 Reihen.

4. Häkeln Sie mit der blauen Wolle am unteren Rand der Kapuze 2 Reihen feste Maschen und 1 Reihe Stäbchen. In die Stäbchenreihe kann ein Band eingezogen werden, falls die Kapuze separat getragen wird. Die Stäbchenreihe kann aber auch als Knopflochleiste für die Knöpfe des Ponchos dienen. Danach noch einmal 1 Reihe feste Maschen arbeiten, Fäden vernähen und Ihre Kapuze ist fertig.

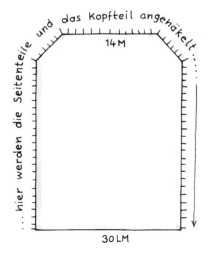

54   Kapuze für Poncho & Co.

Käppi

Größe
Kopfumfang ca. 52–54 cm

Material:
Baumwolle für die Nadelstärke 4 in Blau, 100 g
(z. B. Lyric 8/8, Farbe Blau Nr. 511, von Coats)

Häkelnadel Nr. 4

Häkelnadel Nr. 3

Sticknadel ohne Spitze

Knopf in Blau

passendes Nähgarn

Nähnadel

Auch diese kleine Kappe häkeln Sie nach dem Grundmuster von Seite 48. Allerdings häkeln Sie mit halben Stäbchen (siehe Seite 9) und nicht mit festen Maschen.

Arbeiten Sie 9 Runden. Sie erhalten 72 Maschen. Häkeln Sie 10 Runden ohne Zunahme. Nach diesen 19 Runden beginnen Sie mit dem Mützenschirm. Damit der Schirm schön steif wird, wechseln Sie jetzt zur Häkelnadel Nr. 3 und häkeln weiter mit festen Maschen (siehe Seite 7) und in Reihen. Beginnen Sie an der Stelle, an der Sie die Runde beendet haben.

Mützenschirm

1. Reihe: Häkeln Sie 35 feste Maschen. Wenden Sie die Arbeit.

2. Reihe: Häkeln Sie 1 Wendeluftmasche (siehe Seite 6 unten) und 34 feste Maschen. Wenden Sie die Arbeit.

3. Reihe: Nun beginnen Sie mit den Zunahmen. Häkeln Sie 1 Wendeluftmasche und je 1 feste Masche in die 2. und 3. feste Masche der Vorreihe. In die 4. Masche der Vorreihe häkeln Sie 2 feste Maschen. Häkeln Sie bis zum Ende der Reihe immer in 3 Maschen der Vorreihe 1 feste Masche und in die 4. Masche 2 feste Maschen. In die letzten 3 Maschen arbeiten Sie wie am Anfang der Reihe je 1 feste Masche. Sie haben nun 43 Maschen.

Tipp

Hängen Sie einen andersfarbigen Faden an die Stelle, an der Sie zunehmen. Auf diese Weise verpassen Sie keine Zunahme!

4. Reihe: Häkeln Sie 1 Wendeluftmasche und arbeiten Sie in die 2., 3. und 4. Masche der Vorreihe je 1 feste Masche. In die 5. Masche häkeln Sie 2 feste Maschen. Häkeln Sie bis zum Ende der Reihe immer in 4 Maschen der Vorreihe je 1 feste Masche und in die 5. Masche 2 feste Maschen. In die letzten 3 Maschen arbeiten Sie jeweils 1 feste Masche. Sie haben nun 51 Maschen. Wenden Sie Ihre Arbeit.

5. Reihe: Damit der Mützenschirm schön rund wird, nehmen Sie jetzt wieder ab. Häkeln Sie 1 Wendeluftmasche. Überspringen Sie die 1. und 2. feste Masche der Vorreihe und stechen Sie in die 3. feste Masche ein. Durch das Überspringen der 2. Masche haben Sie 1 Masche abgenommen. Häkeln Sie bis zum Ende der Reihe feste Maschen und wenden Sie Ihre Arbeit.

6. Reihe: Häkeln Sie 1 Wendeluftmasche und stechen Sie in die 3. feste Masche ein. Schon haben Sie wieder 1 Masche abgenommen und häkeln bis zum Ende der Reihe feste Maschen. Wenden Sie die Arbeit.

7. –16. Reihe: Ab der 7. Reihe nehmen Sie in jeder Reihe 2 Maschen ab.

Käppi 55

Häkeln Sie 1 Wendeluftmasche stechen Sie in die 3. Masche ein und häkeln Sie 1 feste Masche. Maschen Sie die beiden nächsten Maschen zusammen ab (siehe Seite 12 oben). Häkeln Sie bis zum Ende der Reihe feste Maschen und wenden Sie die Arbeit. Häkeln Sie die 8.–16. Reihe wie die 7. Reihe.

17. und 18. Reihe: Nun werden pro Reihe noch einmal je 3 Maschen abgenommen. Sie maschen dann 2-mal 2 Maschen zusammen ab. Sie haben nun noch 23 Maschen und Ihr Mützenschirm ist fertig. Vernähen Sie die Fäden und nähen Sie oben auf die Mitte des Käppis einen Knopf.

Tipp

Es ist eine große Hilfe, wenn Sie sich ein Lineal unter die Reihe legen, an der Sie gerade arbeiten.

56 Käppi

Armstulpen mit Zackenmuster

Material:
Wolle für die Nadelstärke 3–3,5 in Hellblau, 100 g
(z. B. Regia 6-fädig, Farbe Hellblau Nr. 1945, von Schachenmayr)

Häkelnadel Nr. 3–3,5

Die Armstulpen sind in Reihen gehäkelt und werden zum Schluss zusammengenäht. In Höhe des Daumens bleibt ein kleiner Schlitz für den Daumen offen. Die Anleitung für das Zackenmuster finden Sie auf Seite 14 unten. Das Wichtigste bei diesem Muster ist, dass Sie immer genauso viele Abnahmen wie Zunahmen arbeiten, also immer dieselbe Maschenzahl haben.

1. Häkeln Sie 42 Luftmaschen und 1 Wendeluftmasche (siehe Seite 6). Wenden Sie Ihre Arbeit und häkeln Sie in die Luftmaschen 41 feste Maschen (siehe Seite 7). Nun folgt die 1. Musterreihe. Häkeln Sie 3 Wendeluftmaschen und in die nächste Masche 2 Stäbchen (siehe Seite 10). In die folgende feste Masche arbeiten Sie 1 Stäbchen.

2. * Überspringen Sie 2 feste Maschen, häkeln Sie 4 Stäbchen in die nächsten 4 festen Maschen. Häkeln Sie in die nächste feste Masche 3 Stäbchen. In die folgenden 4 festen Maschen arbeiten Sie 4 Stäbchen *. Von * bis * noch 2-mal wiederholen. Anschließend überspringen Sie erneut 2 Maschen, häkeln in die nächste feste Masche 1 Stäbchen und in die folgende Masche 2 Stäbchen. Auf die Wendeluftmasche arbeiten Sie noch einmal 1 Stäbchen.

3. Alle folgenden Musterreihen häkeln Sie genauso. Das war schon die ganze Kunst! Achten Sie darauf, dass die 3 Stäbchen, die Sie in 1 Masche häkeln und die wie ein kleiner Fächer aussehen, immer übereinander sitzen.
Auch die „Löcher" sitzen in einer Linie übereinander. Beachten Sie außerdem, dass Sie am Anfang und Ende jeder Reihe immer 4 Stäbchen (bzw. 3 Stäbchen und die Wendeluftmasche) haben.

4. Häkeln Sie in diesem Muster 24 Reihen oder 30 cm. Schneiden Sie den Faden auf eine Länge von etwa 20 cm ab. Ziehen Sie ihn durch die letzte Masche hindurch und nähen Sie die Stulpe im Matratzenstich (siehe Seite 13 unten) über 3 Reihen (ca. 4 cm) zusammen. Hier beginnt die Öffnung für den Daumen. Lassen Sie eine Öffnung von ungefähr 5 Reihen (ca. 6 cm) und nähen Sie mit neuem Faden den Rest der Stulpe zusammen. Vernähen Sie die Fäden. Arbeiten Sie die zweite Stulpe wie die erste.

Schal

Größe
150 cm lang (ohne Fransen),
20 cm breit

Material:
Wolle für die Nadelstärke 4–5
in Gold, 100 g
Wolle für die Nadelstärke 4–5
in Schwarz, 150 g

Wolle für die Nadelstärke 4–5
in Weiß, 100 g
(z. B. Starlight, Farbe Gold Nr.
82, Micro, Farbe Schwarz Nr. 99
und Weiß Nr. 01, von Schachenmayr)

Häkelnadel Nr. 5

**Taschenbuch oder Frühstücks-
brettchen**

Dieser Schal wird längs ge-
strickt und vielleicht werden
Sie erschrecken, wenn Sie
lesen, wie viele Maschen Sie
dafür anschlagen müssen.
Diese Art, den Schal zu häkeln,
hat aber den großen Vorteil,
dass Sie die Arbeit nicht ständig
wenden müssen.

1. Reihe (Schwarz): Häkeln Sie
300 Luftmaschen (siehe Seite 6).

2. Reihe (Schwarz): Häkeln Sie
1 Wendeluftmasche (siehe Seite
6 unten) und arbeiten Sie feste
Maschen (siehe Seite 7) in jede
Luftmasche = 299 feste Maschen. Wenden Sie die Arbeit.

3. Reihe (Schwarz): Häkeln Sie
1 Wendeluftmasche, 1 feste
Masche in 1 feste Masche der
Vorreihe und überspringen Sie
mit 1 Luftmasche 1 feste Masche der Vorreihe. Häkeln Sie in
die nächste feste Masche 1 feste Masche, überspringen Sie
mit 1 Luftmasche 1 feste Masche der Vorreihe und häkeln
Sie so weiter bis zum Ende der
Reihe. Die Reihe endet mit
1 festen Masche auf der letzten
festen Masche.

Ab der 4. Reihe häkeln Sie nur
noch in eine Richtung, also
nicht mehr hin und zurück, d. h.
Sie wenden die Arbeit nicht,
sondern schneiden den Faden
am Ende jeder Reihe auf eine
Länge von ca. 10 cm ab, ziehen
ihn durch die letzte Masche und
verknoten ihn. Auf der anderen
Seite beginnen Sie wieder mit
einem neuen Faden. Auch den
Anfangsfaden ziehen Sie durch
die Masche. Lassen Sie ihn ca.
10 cm herunterhängen und verknoten Sie ihn.

4. Reihe (Gold): Häkeln Sie
1 Wendeluftmasche auf die 1.
Masche. * Häkeln Sie 1 Luftmasche und überspringen Sie damit die feste Masche der Vorreihe. Arbeiten Sie 1 feste Masche

in das „Loch" der Vorreihe *.
Wiederholen Sie das Muster
von * bis * bis zur letzten festen
Masche. Auf diese häkeln Sie
1 feste Masche. Schneiden Sie
den Faden auf eine Länge von
ca. 10 cm ab, verknoten Sie ihn
und beginnen Sie auf der anderen Seite mit einem neuen, weißen Faden.

5. Reihe (Weiß): Häkeln Sie
3 Wendeluftmaschen auf die
Wendeluftmasche der Vorreihe.
Arbeiten Sie noch 1 Luftmasche
und überspringen Sie damit die
1. feste Masche. Häkeln Sie
1 Stäbchen in das „Loch" zwischen der 1. und 2. festen Masche der Vorreihe. Häkeln Sie
auf diese Weise weiter. Die Reihe endet mit 1 Stäbchen im
letzten „Loch" der Vorreihe und
1 Stäbchen auf der letzten festen Masche. Schneiden Sie den
Faden erneut auf eine Länge
von ca. 10 cm ab, verknoten Sie
ihn und fangen Sie auf der anderen Seite mit schwarzer Wolle wieder neu an.

6. Reihe (Schwarz): Häkeln Sie
3 Wendeluftmaschen in die 3.
Wendeluftmasche der Vorreihe,
1 Luftmasche, 1 Stäbchen in
das 1. „Loch" der Vorreihe zwischen den Wendeluftmaschen

und dem 1. Stäbchen. Arbeiten Sie auf diese Weise weiter. Am Ende der Reihe das letzte Loch mit 1 Luftmasche überspringen und 1 Stäbchen auf das letzte Stäbchen häkeln.

Ab jetzt wiederholen Sie die 5. und 6. Reihe fortlaufend in folgenden Farben: Schwarz, Gold, Schwarz, Schwarz, Weiß, Gold, Weiß, Schwarz, Schwarz, Gold, Schwarz, Schwarz, Weiß, Gold, Schwarz, Schwarz. Sie enden mit Reihe 22.

Fransen

An beiden Enden des Schals hängen bereits die Fäden, die Sie dort verknotet haben. Um weitere Fransen zu arbeiten, umwickeln Sie ein Taschenbuch oder Frühstücksbrettchen mit dem goldfarbenen Garn. Legen Sie das Ganze auf den Tisch und schneiden Sie die Wolle an einer Seite auf. So erhalten Sie gleich lange Fäden, die Sie in der Mitte falten. Hängen Sie die Fäden an der Knickstelle auf das Häkchen der Häkelnadel, ziehen Sie den Faden durch 1 Masche am Schalende und verknoten Sie ihn. Dies wiederholen Sie so oft, bis ausreichend viele Fransen vorhanden sind.

Schal

Hausschläppchen

Größe
37–39

Material:
Wolle für Nadelstärke 6–7 in Türkis, 150 g
evtl. Rest Wolle in Weiß in gleicher Stärke
(z. B. Boston, Farbe Mint Nr. 56, Farbe Weiß Nr. 02, von Schachenmayr)

Häkelnadel Nr. 6

Sticknadel ohne Spitze

1. Häkeln Sie 8 Luftmaschen und 1 Wendeluftmasche (siehe Seite 6). Häkeln Sie 7 feste Maschen (siehe Seite 7) in 7 Luftmaschen. Häkeln Sie 1 Wendeluftmasche, wenden Sie die Arbeit und nehmen Sie an jeder Seite 1 Masche zu (siehe Seite 11).

Sie haben jetzt 10 Maschen. Häkeln Sie 1 Wendeluftmasche, wenden Sie die Arbeit und häkeln Sie 1 Reihe ohne Zunahme. Häkeln Sie 1 Wendeluftmasche und wenden Sie die Arbeit.

2. In der nächsten Reihe nehmen Sie wieder am Anfang und Ende der Reihe 1 Masche zu. Häkeln Sie 1 Wendeluftmasche und wenden Sie die Arbeit. Häkeln Sie 1 Reihe ohne Zunahme. Sie haben jetzt 12 feste Maschen. Nun folgt wieder 1 Reihe ohne Zunahme. Denken Sie jeweils an die Wendeluftmasche! In der nächsten Reihe nehmen Sie wieder 2 Maschen zu. Sie haben jetzt 14 Maschen und häkeln mit diesen 14 Maschen 18 Reihen (16 cm). Insgesamt sind es 24 Reihen.

3. Damit es nicht langweilig wird, nehmen Sie nun ab, und zwar am Anfang und Ende der 25. Reihe je 1 Masche (siehe Seite 12 oben). Häkeln Sie 1 Reihe ohne Abnahme. Wiederholen Sie diese beiden Reihen so oft, bis Sie nur noch 8 Maschen haben. Häkeln Sie 2 Reihen feste Maschen.

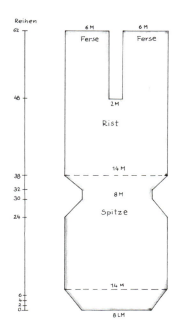

4. Und jetzt nehmen Sie wieder zu. Arbeiten Sie genauso wie zu Beginn, bis Sie wieder 14 Maschen haben. Häkeln Sie 10 Reihen ohne Zu- oder Abnahme. Nun folgt der „Einstieg" für die Schläppchen. Hierfür teilen Sie Ihre Arbeit. Häkeln Sie vom Rand zur Mitte 6 feste Maschen. Häkeln Sie mit diesen 6 Maschen 14 Reihen. Danach verfahren Sie mit dem zweiten Teil genauso. In der Mitte bleibt ein Schlitz von 2 Maschen. Sie haben das Schläppchen fertig gehäkelt und häkeln es nun zusammen. Zusammenhäkeln können Sie diese bequemen Schläppchen auf zwei unterschiedliche Arten.

Zusammenhäkeln (1. Version)

Nach der letzten Masche des zweiten „Schwänzchens" schneiden Sie Ihren Faden nicht ab, sondern häkeln damit zunächst die beiden „Schwänzchen", das Fersenteil, von oben nach unten zusammen, dann arbeiten Sie weiter und verbinden Sohle und Oberteil auf einer Seite bis vorne zur Spitze. Häkeln Sie nun auch auf der anderen Seite von der Ferse bis zur Spitze Oberteil und Sohle zusammen. Vernähen Sie die Fäden und wenden Sie das Schläppchen. Häkeln Sie das zweite Schläppchen genauso.

Zusammenhäkeln (2. Version)

Häkeln Sie das Fersenteil auf der Innenseite mit der türkisfarbenen Wolle zusammen. Wenden Sie das Schläppchen. Häkeln Sie nun Sohle und Oberteil auf der Außenseite zusammen. Beginnen Sie bei der hinteren Fersennaht an der Sohle und häkeln Sie mit festen Maschen und der weißen Wolle um das gesamte Schläppchen herum. Fäden vernähen und fertig. Häkeln Sie das zweite Schläppchen genauso.

Blume

Sie können Ihre Schläppchen durch eine Blume zusätzlich verzieren. Hierfür häkeln Sie 3 Luftmaschen und schließen diese mit 1 Kettmasche (siehe Seite 8) zum Ring.
Nun häkeln Sie in jede Luftmasche 2 feste Maschen. Am Ende der Runde haben Sie 6 feste Maschen. Häkeln Sie nun in jede feste Masche 2 feste Maschen. Am Ende der Runde haben Sie 12 Maschen. Häkeln Sie in die 1. feste Masche 3 Wendeluftmaschen und 3 Stäbchen (siehe Seite 10). In die 2. feste Masche arbeiten Sie 1 feste Masche. * In die nächste feste Masche arbeiten Sie 4 Stäbchen und in die folgende Masche 1 feste Masche *. Von * bis * noch 4-mal wiederholen und schon ist Ihre Blüte fertig.

Babyschühchen

Material:
Babywolle für die Nadelstärke 2,5–3, 50 g (z. B. Regia 4fädig Color, Farbe Candy Color Nr. 5062, von Schachenmayr)

Häkelnadel Nr. 3,5

Sticknadel ohne Spitze

schmales Taftband, 90 cm lang

Sicherheitsnadel

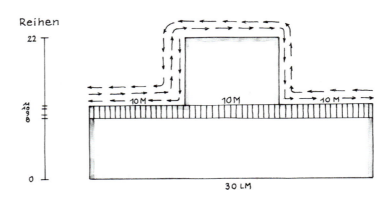

Sohle

Diese Babyschühchen sind auch ein sehr hübsches Geschenk und passen zum Babyjäckchen auf Seite 25 und zum Babymützchen auf Seite 50.

1. Häkeln Sie 30 Luftmaschen und 1 Wendeluftmasche. Wenden Sie Ihre Arbeit und häkeln Sie 29 feste Maschen. Arbeiten Sie weiter im Fantasiemuster (siehe Seite 15). Häkeln Sie das Muster 2-mal, das sind 8 Reihen. Häkeln Sie 1 Reihe feste Maschen.

2. Für die Reihe, durch die das Bändchen gezogen wird, häkeln Sie 3 Wendeluftmaschen und bis zum Ende der Reihe Stäbchen. Wenden Sie Ihre Arbeit, häkeln Sie 1 Wendeluftmasche und 9 feste Maschen.

3. Sie beginnen jetzt den oberen Teil des Schühchens. Häkeln Sie mit festen Maschen über den mittleren 10 Maschen. Die beiden Seitenteile mit jeweils 10 Maschen bleiben unbehäkelt. Häkeln Sie 12 Reihen.

4. Jetzt häkeln Sie mit festen Maschen an der einen Seite des mittleren Teils entlang (11 Maschen). Weiter geht's über die stillgelegten Maschen (10 Maschen) der einen Seite. Wenden Sie die Arbeit. Häkeln Sie 1 Wendeluftmasche und weiter feste Maschen über das Seitenteil (10 Maschen), eine lange Seite des Mittelteils (11 Maschen), die schmale Seite des Mittelteils (10 Maschen) – das ist die Fußspitze –, die zweite lange Seite des Mittelteils (11 Maschen) und die stillgelegten Maschen des anderen Seitenteils (10 Maschen). Sie haben insgesamt 52 Maschen gehäkelt.

5. Wenden Sie die Arbeit. Arbeiten Sie 1 Wendeluftmasche und häkeln Sie noch einmal mit festen Maschen zurück. Häkeln Sie das Fantasiemuster 2-mal (8 Reihen) und arbeiten Sie anschließend noch 1-mal nur die beiden ersten Reihen. Das sind insgesamt 10 Reihen.

6. In der nächsten Reihe beginnen Sie mit der Sohle und der Abnahme für diese. Sie haben an jeder Seite 21 Maschen und vorne an der Spitze 10 Maschen. An diesen 10 Maschen nehmen Sie jetzt ab. Zusätzlich nehmen Sie auch immer am Ende der Reihe 1 Masche ab, damit die Ferse eine Rundung bekommt.

7. Häkeln Sie 1 Wendeluftmasche und 20 feste Maschen. Das sind die 21 Maschen des Seitenteils. Sie sind bei den 10 Ma-

62 Babyschühchen

schen der Spitze angekommen und nehmen nun für die Fußspitze ab. Maschen Sie die 1. und 2. Masche zusammen ab (siehe Seite 12 oben), häkeln Sie 6 Maschen und maschen Sie die 9. und 10. Masche zusammen ab. Häkeln Sie 20 Maschen des zweiten Seitenteils und lassen Sie die 21. Masche unbehäkelt.

8. Wenden Sie die Arbeit. Häkeln Sie 1 Wendeluftmasche und 19 feste Maschen. Für die Spitze maschen Sie die beiden nächsten Maschen zusammen ab. Häkeln Sie 4 Maschen und maschen Sie die folgenden 2 Maschen zusammen ab. Häkeln Sie 20 Maschen und lassen Sie die letzte Masche unbehäkelt.

9. Wenden Sie Ihre Arbeit. Häkeln Sie 1 Wendeluftmasche und 19 feste Maschen, maschen Sie die beiden nächsten Maschen zusammen ab. Häkeln Sie 2 Maschen, maschen Sie die folgenden 2 Maschen zusammen ab. Häkeln Sie 19 Maschen und lassen Sie die letzte Masche unbehäkelt.

10. Wenden Sie Ihre Arbeit. Häkeln Sie 1 Wendeluftmasche und 18 feste Maschen, maschen Sie die 2 nächsten Maschen und die darauf folgenden 2 Maschen jeweils zusammen ab. Häkeln Sie 19 Maschen, und lassen Sie die letzte Masche unbehäkelt. Häkeln Sie noch 1 Reihe feste Maschen ohne Abnahmen.

11. Sie sind an der Ferse angekommen und häkeln am Schaft entlang bis zur oberen Kante. Falten Sie das Schühchen zusammen und häkeln Sie es auf der Innenseite zusammen, zuerst den Schaft und dann die Sohle. Vernähen Sie die beiden Fäden.

Häkeln Sie das zweite Schühchen genauso. Ziehen Sie noch ein hübsches Band in einer passenden Farbe durch die Lochreihe und die Schühchen sind fertig. Sehen sie nicht niedlich aus?

Bezugsquellen

Wolle und Garne:
Schachenmayr, Regia, Coats
über Coats GmbH
Kaiserstr. 1
79341 Kenzingen
www.coatsgmbh.de

Häkelnadeln:
Prym Consumer GmbH

Knöpfe:
Union Knopf GmbH

Widmung
Für Inge

Danksagung
Bei der Erarbeitung dieses Bu-
ches habe ich viele wunderbare
Helfer gehabt. Mein Dank gilt:
Doris Bayer, die mit Geduld Maße
und Maschen nachgerechnet hat,
Eva Hauck, die mir Sicherheit mit
ihrer kompetenten Lektoratsar-
beit gegeben hat, Uli Staiger,
der meine Modelle liebevoll ins
rechte Licht setzte, Stefanie Frey
und Susanna Mangold-Tiesler,
die mich immer schnell und „un-
bürokratisch" mit den entspre-
chenden Materialien versorgten,
Wolfgang, der als Testperson
manches nachhäkelte, um mir
Gewissheit zu verschaffen, dass
es funktioniert.

Wer Fragen oder Anregungen hat
oder über ein Erfolgserlebnis
beim Nachhäkeln der Modelle be-
richten möchte, findet mich über
meine Homepage www.fuerkids.de.

Alle in diesem Buch veröffentlichten Abbildungen und Modelle sind
urheberrechtlich geschützt und dürfen nur mit ausdrücklicher schrift-
licher Genehmigung des Verlages und der Urheber gewerblich genutzt
werden.

Die im Buch veröffentlichten Ratschläge wurden von Verfasserin und
Verlag sorgfältig erarbeitet und geprüft. Eine Garantie kann dennoch
nicht übernommen werden, ebenso ist eine Haftung der Verfasserin
bzw. des Verlages und seiner Beauftragten für Personen-, Sach- und
Vermögensschäden ausgeschlossen.

Bibliografische Information Der Deutschen Bibliothek
Die Deutsche Bibliothek verzeichnet diese Publikation in der Deut-
schen Nationalbibliografie; detaillierte bibliografische Daten sind im
Internet über http://dnb.ddb.de abrufbar.

Urania Verlag
in der
Verlagsgruppe Dornier GmbH
Postfach 80 06 69
70506 Stuttgart

www.verlagsgruppe-dornier.de
www.urania-verlag.de

© 2005 Urania Verlag, Stuttgart
in der Verlagsgruppe Dornier GmbH.
Alle Rechte vorbehalten.

Umschlaggestaltung: Behrend & Buchholz, Hamburg
Fotos: Uli Staiger/die licht gestalten, Berlin
Modelle: Ute Hammond
Lektorat: 360°/Eva Hauck, Berlin
Satz: Arnold & Domnick, Leipzig
Printed in Germany
ISBN 3-332-01744-6
ISBN 978-3-332-01744-1